chili verlag

HORST LEIWIG

NACHTSCHWARZ HIMMELGRAU

23 Kurzgeschichten
über Gewinner und Verlierer

chiliverlag

Zuletzt im chiliverlag erschienen:
DEUS IUDEX MEUS – Nur Gott ist mein Richter,
Autobiografie Ralf Seeger,2014
Wut, Mut & Herz-Tattoos, Bühnentexte, Michel Pauwels, 2014
Glasaugenstern – 101 Gedichte von Alex Dreppec, 2015
Strohblumenstörung – Politische Dichtung der Gegenwart I, 2015
Vorübergehend nicht erreichbar – Über Kontaktabbrüche zwischen Kindern und Eltern, 2015
PSYCHONYMOUS I – Vergeltung, Kurzkrimis, 2015
Chili Chicken – Ein Inder in Kassel, Anant Kumar, 2015
suchtraum, Sandra Stubbe, Roman, 2015
PSYCHONYMOUS II – Verzogen, Kurzkrimis, 2015
Lichtläufer, Gerwine Ogbuagu, Roman, 2015
TRANS I – Psychedelia, Autobiografie Isabelle Morgen, 2015
Fassadenflucht, Politische Dichtung der Gegenwart II, 2015

1. Auflage September 2015

franchili / 31

Detaillierte bibliographische Daten sind unter http://dnb.ddb.de bei der Deutschen Nationalbibliographie abrufbar.

Lektorat, Gestaltung, Layout: chiliverlag

ISBN 978-3-943292-33-6 www.chiliverlag.de

Bei Tage ist es kinderleicht, die Dinge
nüchtern und unsentimental zu sehen.
Nachts ist das eine ganz andere Geschichte.

ERNEST HEMMINGWAY

INHALT

VOR DER HOCHZEIT

Es sollte eine schöne, eine gelungene Hochzeit werden. Man hatte an so viele Dinge zu denken, die, wenn man sie vergaß, zu Ärger und Unstimmigkeiten führen würden. Da waren die Einladungen, das Essen, die Musik, und wenn man die Leute falsch platzierte, gab es unverhohlene Worte und böse Anspielungen. Nein, so eine Hochzeit war eine Generalstabsarbeit, die nicht nachlässig behandelt werden durfte. Schließlich sollte eine Hochzeit etwas fürs Leben sein, oder zumindest war dieser Grundgedanke vorherrschend.

Für Elisabeth, die Mutter, verlief alles in bester Stimmung. Sie hatte es sich im Wohnzimmer in einem Polstersessel bequem gemacht und wartete auf ihre Tochter Heide, mit der sie in die Stadt fahren und nach Kleidern Ausschau halten wollte. Kein weißes Kleid, ein festliches, so war dic Meinung ihrer Tochter. Und wenn sie bedachte, dass ihre Tochter kurz vor dem dreißigsten Lebensjahr stand, war diese rationale Sicht ohne Gefühlsduselei genau das Richtige. Ihre erste Hochzeit hatte Heide verpasst, denn ihr damaliger Freund hatte sie verlassen, als er die Promotion erhielt.

Elisabeth war und galt als Muttermatrone. Sie sagte zu allem und jedem etwas, auch wenn es nur Klatsch war. Sie hatte mit sich und allen Mitleid, die unglücklicherweise Pech gehabt hatten. Ihr Mitleid reichte von Bedauern bis zu Tränen, und wenn es ganz schlimm kam, erstreckte sich ihr Mitgefühl von den Ureinwohnern Australiens bis zu den hilflos der Holzlobby ausgelieferten Indianern des Amazonasgebietes. Die Überschriften mussten nur groß, dick und fett sein.

Mit Stolz dachte sie an ihren künftigen Schwiegersohn Albert, der im Schichtdienst in einer Papiermühle arbeitete. Heide und Albert verstanden sich prächtig, sie waren richtig verliebt und vernarrt ineinander. Man sah es ihren Augen an, die glücklich aufleuchteten, wenn sie sich sahen und in die Arme nahmen. Elisabeth seufzte still vor sich hin, weil sie das an ihren verstorbenen Rudi erinnerte, den ihr ein plötzlicher Koronarverschluss genommen hatte. Allerdings war Albert mehr als zehn Jahre älter als Heide, ein Umstand, der noch nicht zählte, aber im Alter könnte das zu Spannungen führen. Jetzt war Albert zuvorkommend, beweglich und stets hilfsbereit. Er machte nicht den Eindruck, als würde er jemals älter werden, trotz der Verdickungen unter den Augen, die auch vom Schichtdienst herrühren konnten.

„Hallo."

Elisabeth fuhr aus ihren Gedankengängen auf. Es war Polly, ihre jüngere Tochter, die bei ihr Unterschlupf gefunden hatte, nachdem sie das Kind bekommen und der Kindsvater sie nicht geheiratet hatte. Eine schier endlose Rangelei um Unterhalt und Anerkennung der Vaterschaft wäre gefolgt, wenn Polly, die schon immer einen verschlossenen und verbiesterten Eindruck gemacht hatte, die Angelegenheit nicht sofort einem Rechtsanwalt übergeben hätte. Nun zahlte der Vater unfreiwillig und heiratete eine andere.

Polly trug ihr schwarzes Haar scharf zurückgekämmt. Ihre Lippen waren schmal und eng aneinandergepresst. Sie hatte ein wenig Lippenstift aufgetragen.

„Ach du bist es", sagte Elisabeth. „Schläft der Kleine?"

„Wie ein Murmeltier", erwiderte Polly. „Noch während ich ihn wickelte, schlief er schon mit offenem Mund und geöffneten Armen."

„Ein liebes Kerlchen", sagte Elisabeth glücklich.

Polly setzte sich auf die Couch, ihrer Mutter gegenüber, und beide schauten seitlich aus dem Fenster in den

Garten, wo die Sonne wärmend auf Blumen und Büsche schien. Ein Eichhörnchen hüpfte vorüber, und schon schimpfte eine Drossel.

„Ist dir eigentlich schon mal aufgefallen, dass in Alberts Leben nur die frühen und die letzten Jahre vorkommen?“, fragte Polly plötzlich.

„Was?“

„Albert ist nur jung und alt, also so alt wie er jetzt ist. Über ein Dazwischen redet er nie.“

„Ich verstehe nicht“, sagte Elisabeth.

„Es ist so, wie ich sage. Bei Albert fehlen eine ganze Reihe von Jahren. Die sind wie ausgelöscht.“

Missbilligend schaute Elisabeth ihre Tochter an. Klang da etwa Neid in der Stimme ihrer Tochter?

„Hast du etwas gegen Albert?“, fragte sie ungehalten.

„Ganz und gar nicht“, sagte Polly. „Ich erwähne das auch nur, weil es mir aufgefallen ist.“

„Merkwürdige Ansichten verbreitest du da, Polly“, sagte Elisabeth. „Ich glaube, wir sollten das alles schnell vergessen. Albert ist ein ausgezeichneter Schwiegersohn.“

Die Sonne wurde durch eine Wolke verdeckt, die in Sprüngen durch den Garten huschte.

Polly zog die Schultern hoch.

„Ich meine ja auch nur“, gab sie klein bei.

Elisabeths strafende Augen eilten von Polly in den Garten und wieder zurück. Sie atmete missbilligend tief. Eine Minute des Schweigens entstand, in der die Sonne den Garten zurückerobert hatte.

Auf der Treppe wurden nun Schritte hörbar, und gleich darauf betrat Heide das Wohnzimmer. Sie war gelöst und bester Laune.

„Ach, hier seid ihr“, jubelte sie lachend.

„Natürlich“, sagte Polly.

„Wo hätten wir denn sonst sein sollen, meine Liebe?“, fragte Elisabeth.

„Ehrlich gesagt, ich weiß es nicht“, erwiderte Heide, immer noch lachend.

Im Gegensatz zu ihrer Schwester Polly war Heide etwas kräftiger und muskulöser gebaut. Sie trug ihr mittelblondes Haar in einer Dauerwelle und war zum Ausgehen sorgfältig geschminkt. Sie hatte leicht bräunliche Augen und einen sinnlichen Mund, der fast geschmollt wirkte. Beide waren sie etwa gleich groß und von ihrem Typ her auch hübsch. An Heide war der Glanz des Mai vorübergegangen, aber die ersten Junitage sind auch etwas Wunderbares. Ihr ungezwungenes Lachen gefiel und hob sie charakterlich von ihrer strengeren Schwester Polly ab.

„Soll ich mich jetzt fertig machen?", fragte Elisabeth.

Heide war in der Mitte des Raumes stehen geblieben.

„Nein, nein, einen Moment noch", sagte Heide „Albert kommt jeden Augenblick vorbei und bringt die Briefumschläge."

„Was denn für Briefumschläge?", fragte Elisabeth unwissend.

„Hatte ich es dir nicht gesagt, Mutter?", antwortete Heide. „Wir müssen die Briefumschläge beschriften. Polly und ich machen das. Albert kennt ja nicht die Anschriften unserer Verwandten. Und für Alberts Verwandtschaft schreiben wir auch die Adressen, denn seine Handschrift ist fürchterlich. Polly hat Albert das versprochen. Stimmt's, Polly?"

„Jau", murmelte Polly geistesabwesend.

„Kind, was sind denn das für Ausdrücke?" Elisabeth hob ihren nicht unwesentlichen Busen gebieterisch an. „Kannst du nicht einfach mit einem ganz natürlichen ‚Ja' antworten?"

„So etwas rutscht einem schon mal heraus", sagte Polly. „Außerdem sind wir hier ganz unter uns. Mehr unter uns geht schon gar nicht mehr."

„Eine Dame muss sich aber immer in der Gewalt haben", meinte Elisabeth tadelnd.

Heide schaute, ohne zu lachen, auf, und Polly hielt den Mund. Elisabeth ließ ihren Blick über beide Töchter streifen und konnte sich des Gedankens nicht erwehren, dass sie beide gut im Griff hatte. Sie war nicht nur Mutter, sie war die Respektsperson.

„Ach Heide", begann Elisabeth, „bevor ich auf andere Gedanken komme und es vergesse: Polly ist der Ansicht, in Alberts Leben fehlen ein paar Jahre. Ich weiß nicht genau, wie sie darauf kommt, aber vielleicht kann sie es dir besser erklären. Von früh und spät hat sie da etwas gesagt."

„Von früh und jetzt", korrigierte Polly.

„Meinetwegen."

„So, hat sie", erwiderte Heide. „Und wie ich meine Schwester kenne, hat das sicher einen konkreten Hintergrund. Nicht wahr, Polly?"

„Mir war etwas aufgefallen, Heide", sagte Polly. „Albert erzählt nur von früher und heute. Ich will, dass meiner Schwester nichts Böses geschieht und habe mich erkundigt. Erkundigt nach den fehlenden Jahren."

„Ach, das kann man?", fragte Elisabeth. „Und wo?"

Heide war alle Fröhlichkeit aus dem Gesicht gewichen, und ihre Augen flatterten.

„Und was hast du erfahren?", fragte Heide leise. „Und von wem?"

Polly zögerte und warf ihrer Mutter einen verstohlenen Blick zu. Die hörte verständnislos und doch neugierig zu.

„Ich habe einen Bekannten, dessen Neffe ist bei der Polizei beschäftigt ...", begann Polly.

In diesem Augenblick läutete die Haustürglocke. Alle drei Frauen schraken ein wenig zusammen, und es war Heide, die sich als Erste gefasst hatte und die Tür öffnen ging. Sie kehrte mit Albert zurück, der die beiden im Wohnzimmer wartenden Frauen herzlich begrüßte. Ein kleiner Scherz für die Schwiegermutter folgte, etwas Ironisches für Polly fiel auch noch ab.

„Wo hast du denn die Briefumschläge, Albert?", fragte Elisabeth. „Mir wurde gesagt, du würdest Briefumschläge vorbeibringen."

„Habe ich“, lachte Albert. „Sie liegen im Flur auf der Kommode.“ Albert war eine Handbreit größer als Heide. Er war nicht mehr jung, sicher nicht, aber straff von der Figur her. Seine größeren Geheimratsecken ließen dahinter blondes Haar erkennen, das zur Schläfe hin sichtlich grau und noch grauer wurde. Von den Mundwinkeln fiel eine Falte abwärts zum Unterkiefer, wenn er nicht redete oder lachte, aber Albert schwieg selten, und so musste man schon genau aufpassen, wenn einem das auffallen sollte. Er war ordentlich und zeitgemäß gekleidet, mit Jeanshose und gemustertem Jackett. Unter dem Jackett trug er ein gestreiftes Hemd.

„Und was habt ihr am heutigen Nachmittag noch für Verbrechen vor?“, lachte Albert.

„Heide und ich fahren gleich in die Stadt“, versicherte Elisabeth. „Wir wollen ...“

„Aber Mutter!“, widersprach Heide energisch.

Elisabeth brach ab und fühlte, dass sie vielleicht etwas Falsches gesagt haben könnte.

„War das nicht richtig?“, erkundigte sie sich kleinlaut.

„Ich habe auch nicht viel Zeit“, sagte Albert. „Meine Spätschicht beginnt in einer Stunde. Aber etwas bleibe ich noch. Bei euch ist es allemal besser als in der krachenden Papiermühle.“

Eine kleine Pause entstand, in der sie sich gegenseitig ansahen und lächelten. Albert strich mit dem Zeigefinger über seine Nasenspitze.

„Albert“, begann Heide plötzlich, „ich glaube, Polly hat eine Frage an dich.“

„An mich?“

„Nein, nein“, widersprach Polly. „Ich wollte nichts fragen oder sagen.“

„Wolltest du schon“, befand Heide. „Und ich glaube, wir sollten das jetzt besprechen. Damit man nicht an einem Hinterher herumrätselt. Wie war das mit dem Neffen bei der Polizei, Polly?“

„Na ja, ich weiß nicht“, druckste Polly herum.

„Und was wolltest du mich fragen?“ Albert war ruhig und gefasst. Er konnte sich längst denken, was folgen würde. „Was hast du von dem Neffen erfahren?“

„Nicht von dem Neffen, dem Bekannten.“

„Gut, von dem Bekannten. Und was hat er dir mitgeteilt?“

Polly fühlte, wie ihr die Knie und die Lippen zitterten. Wenn sie sonst auch nicht feige und sogar kess war, hier verließ sie plötzlich der Mut. Sie sah schemenhaft ihre gespannt dasitzende Mutter in dem Polstersessel und spürte, wie alle Augen auf sie gerichtet waren. Doch dann sprach sie.

„Dass du im Gefängnis warst.“ Ihre Stimme war leise, aber klar.

In Alberts Gesicht regte sich kein Muskel. Ein kaum merkliches Blitzen in den Augen glaubte Heide zu erkennen.

„Stimmt. Ich war im Gefängnis.“

Albert stritt nichts ab, und Elisabeth hatte das Gefühl, als würde ihr ganzes Gesicht nach unten fallen. Sie bewegte den Mund und spürte, wie das Gebiss im Unterkiefer zu schwimmen begann. Sie hielt die Hand vor den Mund und stöhnte knurrend.

„Aber warum denn nur?“, krächzte sie heiser. „Was hast du getan, Albert?“ Und nach einer Weile, als sie keine Antwort erhielt: „Und du hast alles gewusst, Heide?“

„Natürlich“, antwortete diese. „Schließlich heiraten wir in Kürze, wie du weißt.“

„Oh Gott, oh Gott!“ Elisabeth fiel augenblicklich in ihre Mitleidsphase. Warum hatte das Unglück es nur auf sie abgesehen? Wie mit magischer Anziehungskraft waren alle Missgeschicke auf ihre Person oder die der nächsten Umgebung zugeschnitten. Albert hatte im Gefängnis gesessen! Unglaublich. Elisabeth war fassungslos.

„Du weißt warum, Polly?“, fragte Albert.

„Man hat es mir gesagt.“

Albert zögerte. Er schaute Heide an, die unwesentlich

mit den Augen nickte. „Dann ist es wohl an der Zeit", sagte Albert, „dass ich jetzt etwas dazu sage. Nicht wahr, Polly?"

„Es ist deine Entscheidung", erwiderte Polly. „Ich zwinge dich zu nichts."

„Aber eventuell ..." Albert stockte. „Ach lassen wir das." Er winkte ab.

„Was?", ließ Elisabeth vernehmen. „Was hast du gesagt, Albert?"

„Noch nichts, Elisabeth", sagte Albert. „Noch nichts." Er hielt einen Moment inne und konzentrierte sich. Man sah seinem Gesicht an, dass er an Dinge dachte, die weit zurücklagen. Eine Falte breitete sich über seine Stirn aus, die ihn sorgenvoll aussehen ließ. Er musste sich einen Ruck geben und beginnen. Auch wenn es schwer fiel, er musste reden ...

Sie war eigentlich eine junge tolle Frau gewesen, die er geheiratet hatte. So toll, dass er vor Glück schier verging. Im ersten Jahr hatten beide das Gefühl, als sei es die Liebe eines ganzen Lebens. Einer konnte nicht ohne den anderen. Er war damals Metteur bei einer Tageszeitung gewesen und sie noch in der Ausbildung zur Lehrerin. Sie hatten eine kleine Wohnung am Stadtrand, Parterre, und vom Wohnzimmer aus schauten sie auf den Bismarckturm hoch am Berg.

Als sie ihre Ausbildung beendet hatte, erhielt sie sogleich eine Stelle an einer Grundschule im Ort. Sie war so glücklich, und wenn sie glücklich war, so war er es auch. Freiwillig half er im Haushalt, freiwillig ging er jedem Streit aus dem Wege. Manchmal war sie schon kapriziös, diese Lehrerin. Er hatte sich weiter keine Gedanken gemacht, weil Liebe alles verzeiht.

Eine Weile verging im müßigen Trott, und unmerklich änderte sich der Ton. War es anfangs nur ein flüchtig hingeworfenes Wort, so wurden es bald mehrere Wörter, die in klar formulierte Sätze mündeten. Forderungen wurden laut, Bedingungen gestellt. Er wurde wie ein Schüler abgekanzelt und an den Rand eines kleinen Dummerjans befördert. Alles wurde verbessert, korrigiert, wiederholt, und wenn er es auch noch nicht bemerkt hatte, aber er befand sich wie ein Laufbursche im goldenen Käfig der eingebildeten Liebe.

Dazu kam, dass sie nun Kopfschmerzen plagten, häufiger noch, als man das verstehen konnte. Ihre Konferenzen, Besprechungen, Elternabende schob sie wie eine Last vor sich her und war nie da. Gut, er betrank sich ein paar Mal, doch außer einem schweren Kopf löste es nicht die verschlungene Öse seiner Beziehung. Er war noch nicht verzweifelt, aber unglücklich. Tief in seinem Inneren verstand er, dass es so nicht weitergehen konnte, und er schwieg. Sie verhöhnte ihn und lachte ihn aus.

Nicht dass er es gewusst hätte, aber sein Gefühl ließ ihn vermuten, dass da ein anderer Mann im Spiel war. Ohne Beweise hatte er nicht den Hauch einer Chance, sie zur Rede zu stellen. Sie verbat sich einen Abschiedskuss, weil sie in Eile war, aber da waren noch die Pumps, die mussten geputzt werden, und außerdem lief in der Toilette ständig die Spülung. Kannte er übrigens Temudschin? Darüber referierte sie heute in der Volkshochschule.

Die Zeilen des Linosatzes verschwammen vor seinen Augen, wenn er den Durchschuss einfügte, alles splendider machte. War die Höhe erreicht, schloss er mechanisch mit einem Konkordanzstück ab, wickelte um das Ganze einen Bindfaden und legte neue Begrenzungsstücke auf das Schiff. Er arbeitete lieblos, interessenlos, wie ein Motor, der ab und zu ein Butterbrot aß.

Gerade traten die Tarifverhandlungen in ihre heiße Phase. Früher hätte ihn alles mächtig mitgenommen, begeistert, vielleicht sogar geärgert. Doch als es nun Streik und im gleichen Atemzug Aussperrung hieß, nahm er es hin wie das morgendliche Aufstehen, hörte sich noch die Parolen der Streikführer an und trottete gemächlich nach Hause. Es war fünfzehn Minuten vor zwölf Uhr am Mittag, mitten in seiner eigentlichen Schicht, und das Haus lag friedlich in der spärlich scheinenden Sonne unterhalb des Berges. Wenn es ihm einfiel, konnte er ja schon die Kartoffeln schälen.

„Ich betrat das Haus weder leise noch laut", sagte Albert wie in Trance. „Eigentlich ganz normal. Schon in der Diele hatte ich das Gefühl, nicht alleine zu sein. Etwas wie Gemurmel drang an mein Ohr. Ich blieb stehen und lauschte. Zweifellos waren das Flüsterstimmen mit dem Affekt von Leidenschaft, und es kam aus dem Schlafzimmer. Waren etwa Einbrecher während unserer Abwesenheit in die Wohnung eingedrungen? Zwei, drei Personen vielleicht? Langsam ging ich vorwärts, genau auf die Schlafzimmertür zu. Von innen drang ein leises Lachen, das in Kichern überging, an mein Ohr. Das war zweifelsohne eine Frauenstimme, die jetzt leise, fast flüsternd sprach. Siedendheiss schoss mir das Blut von den Füßen bis in den Kopf. Ich fühlte, wie der kalte Schweiß auf meine Stirn trat. Ich hob meine Hand, um den Türgriff zu betätigen, doch etwas wie eine Lähmung bemächtigte sich meines Körpers. Ich wollte die Wahrheit nicht wissen, denn sie würde mich zerschmettern. Vielleicht drei Minuten stand ich regungslos vor der Tür, unfähig zu hören, zu gehen, zu handeln.

Ich weiß nicht, woher ich plötzlich die Kraft hatte, die Tür mit einem Ruck aufzureißen. So schnell wie ich die Tür aufgestoßen hatte, so schnell stand ich auch schon im Zimmer. Zwei erschreckte Gesichter fuhren aus den Federn hoch und starrten mich entgeistert an. Das eine Gesicht gehörte meiner Frau, und das andere war ihr Liebhaber. Sie hatten das Oberbett bis zur Kinnspitze hochgezogen und gaben keinen Laut von sich.

Plötzlich sprang der unbekleidete Kerl aus dem Bett, schnappte seine Sachen, die auf einem Stuhl hingen, riss die Vorhänge zur Seite und hüpfte Parterre aus dem Fenster, das er zuvor mit lautem Knall in die Begrenzung gepfeffert hatte. Ich weiß nicht, wann er die Hose über die Beine gezogen bekam, denn ich schaute nicht hinter ihm her. Er gab Fersengeld wie ein Hase, den man aus der Sasse gescheucht hat.

Meine Frau stand, wie sie geschaffen war, provozierend langsam auf und schlüpfte mit einem Wisch in ihr Negligé, ein Geschenk meinerseits, aber saublöd, an so etwas jetzt zu denken. Sie stand zwischen Bettkante und Wand, und sie holte auffallend tief Luft, bevor ein Strom wütender Beschimpfungen auf mich niederprasselte. Ihre Augen sprühten Feuer und ihr Mund Speichel. Das Gesicht verzerrte zu einer Fratze, als sie mich niedermachte. Ich war so etwas von minderwertig, so ein Versager, dass man sich die Frage zu stellen hatte, ob ich überhaupt dem männlichen Geschlecht zuzuordnen sei. Als Liebhaber war ich eine Niete, als Ehemann die Dummheit selbst. Sie stellte sich seit langem die Frage, wie sie solch einen Trottel überhaupt habe heiraten können. Hatte er die Zeit verpasst? Bald gab es keine Metteure mehr.

Nach jedem tiefen Atemholen trat sie näher an mich heran. Furchtlos war ihr Blick, ihre Wut auf mich. Sie fuchtelte mit der Hand vor meinen Augen herum und wünschte mir das ewige Verschwinden. Nicht ein Wort der Entschuldigung, der Erklärung, des Verständnisses. Ich war es, der aus ihrem Leben so ein Trauerspiel gemacht hatte. Dabei war das Bett noch warm von ihren beiden Körpern.

Sie hörte und hörte nicht auf, und sie kam immer näher. Und während mir vor ihren wüsten Beschimpfungen beinahe die Sinne schwanden, spürte ich den Luftzug ihrer wirbelnden Gesten unmittelbar vor meinem Gesicht. Ich fühlte mich bedroht, aber das hat mir niemand geglaubt. An der Wand hing ein Spiegel, und unterhalb des Spiegels befand sich das Sideboard, auf dem eine Frisiertisch-Garnitur stand, die wir von ihren Eltern zur

Hochzeit geschenkt bekommen hatten. Ich weiß nicht wieso, aber plötzlich hatte ich den Parfümzerstäuber in der Hand. Er war kalt und glatt, und als sie das sah, schrie sie laut, ich solle es nur wagen, denn sie würde mich ruinieren, platt machen, und als sich mein Arm hob, keifte sie schrill auf und stürmte auf mich los. Mein Arm mit dem Zerstäuber zuckte wie ein Blitz abwärts."

„Albert, nein!", rief Elisabeth entsetzt.

„Sie sackte in sich zusammen wie ein gesprengtes Gebäude und fiel mit dem Rücken auf das Oberbett. Ihr Kopf neigte sich ein wenig zur Seite, ließ die offenen, gebrochenen Augen sehen und das kleine Loch an der Schläfe, aus dem ein feines Blutrinnsal über die Wangen lief und am Unterkiefer endete."

„Albert, was hast du getan?" Elisabeth starrte ungläubig ihren zukünftigen Schwiegersohn an. Ihre Töchter wagte sie nach dem soeben Gehörten nicht anzusehen. Es war unglaublich, aber konnte man nach so einer Sache noch etwas sagen?

„Ich erhielt die Höchststrafe", sagte Albert eintönig. „Lebenslänglich. Nach fünfzehn Jahren hatte ich meine Strafe verbüßt und wurde in die Freiheit entlassen."

Alle schwiegen jetzt und waren mit ihren eigenen Gedanken beschäftigt, die in Wirbeln und Schüben durcheinander flogen. Elisabeth schluckte und Pollys Lippen waren messerscharf zusammengepresst.

„War es das, was du herausgefunden hast, Polly?", fragte Albert.

„In etwa", antwortete Polly. „Deine Schilderung jedoch war viel präziser, genauer. Und vor allem kann man jetzt verstehen, wie es dazu gekommen ist."

„Hoffen wir es", sagte Albert. „Hoffen wir es."

Er zögerte kurz. „Ich muss euch jetzt allerdings allein lassen. Meine Schicht beginnt. Ihr könnt euch ja darüber austauschen, wenn ihr wollt. Übrigens kann Heide jede Frage beantworten. Sie weiß genau Bescheid. Bringst du mich noch zur Tür, Schatz?"

Als Albert das Haus verlassen hatte und Heide in das Wohnzimmer zurückgekehrt war, hatte Elisabeth sich weitgehend gefasst. Sie wollte ihre Tochter nicht tadeln. Nach einer gescheiterten Eheschließung wäre es jetzt sicher das Verkehrteste, auf Alberts Vergangenheit herumzureiten. Und eigentlich mochte sie Albert. Er hatte sich ihr gegenüber noch nie etwas zu Schulden kommen lassen.

„Fahrt ihr noch in die Stadt?", wollte Polly wissen.

„Ich denke schon", antwortete Heide. „Nicht wahr, Mutter?"

„Was?" Elisabeth wurde aus ihren Gedanken aufgerüttelt. „Ich finde es von Albert ein wenig rücksichtslos, uns jetzt, wo wir in die Stadt fahren wollen, noch so etwas zu erzählen. Ich bin ja ganz durcheinander."

„So eine Sache kann man erzählen, wann man will", sagte Heide. „Es ist immer der falsche Zeitpunkt."

„Findest du?"

Aus der oberen Etage konnte man Kindergeschrei vernehmen, das zunehmend stärker und lauter wurde.

„Der Kleine", sagte Polly und war schon auf der Treppe.

Heide schaute ihr nach, der alleinerziehenden Mutter, weil wieder ein Mann sich der Verantwortung für eine Familie nicht gewachsen fühlte. Aber sie hatte ja Albert, und sie wollten Kinder.

Sie trat in den Flur, zog die Kostümjacke über, ordnete flüchtig ihr Haar und die Handtasche und schaute nach, ob sie genug Geld eingesteckt hatte. Es war genug, für den Anfang jedenfalls. Sie ging zurück ins Wohnzimmer und blieb im Türrahmen stehen.

„Kommst du jetzt, Mutter?", fragte sie.

Für Elisabeth war es zu viel, viel zu viel, aber tapfer schaute sie ihre Tochter an und versuchte ein gekünsteltes Lächeln.

„Ja, ich komme", sagte sie.

MANUMA

Als Sven Eric Jörgensen starb, überraschte das niemanden. Wir hatten ihn seit Jahren nur humpelnd daherkommen sehen, aber wie er sein drittes Bein schwang, das hatte Stil. So lange er konnte, trug er Hemd und Krawatte, und als das nachließ, hielt er das schlecht rasierte Kinn wie eine Fahne, die nur beim Untergang niedersinken würde. Er dachte gar nicht daran, niederzusinken, er war kerzengerade und schlank wie eine tadellos gewachsene Tanne, die allen Stürmen getrotzt hat. Er war kein schöner Mann, wirklich nicht, mit der Knollennase und den leicht hervorquellenden Augen, aber als Mann der Jurisprudenz war er der Sprache mit vielen treffenden und wohlklingenden Worten mächtig. Seine Stimme hatte ein Timbre wie das eines Rundfunksprechers, und sie war unverwechselbar. Wir alle wünschten uns solch eine Stimme, weil wir glaubten, dieser sonore Klang würde die Frauen nur so dahinschmelzen lassen.

Sven Eric übte die Juristerei nur sporadisch und auch nur wenige Jahre nach dem zweiten Staatsexamen aus, weil er noch promovierte und danach von dem ererbten Kapital seiner Eltern sorglos und in Ruhe leben konnte. Er hatte einen Steuerberater fest angestellt, der alles verwaltete und ihm vorzulegen hatte. Außer dem riesigen Kapital erbte Sven Eric eine herrliche Villa mit großem Garten und üppigem Baumbestand.

Im hinteren Teil des Anwesens befand sich neben einem kleinen Weiher ein solide gemauerter Pavillon, wo die Eltern früher in den Sommermonaten gelegentliche Hauskonzerte, Serenaden aufführen ließen. Ein damals unbekannter Pianist, angekündigt für einen Chopin-Abend, machte später eine erstaunliche internationale Karriere. Allerdings gab es kaum jemanden, der den Werdegang des jungen Virtuosen bis zur Reife verfolgte oder sich an ihn erinnern konnte. Wir, als Nachbarn, hatten den Namen des Mannes noch nie gehört. Wir wussten jedoch, dass der Pavillon über eine separate, eigenständige Zufahrt verfügte, die auf eine schlecht geschotterte Nebenstraße führte. Selten bewegten sich hier Fahrzeuge, das heißt, wir mussten ganz schön scharf nachdenken, um uns überhaupt an ein Fahrzeug zu erinnern.

Die Eltern des Volljuristen besaßen in den ersten Jahren ihrer Ehe ein Weißwarengeschäft, das sich zog und auch Brot abgab. Neben den vielen Händlern mosaischen Glaubens war es schwer, sich zu behaupten. Der Vater rechnete bis spät in die Nacht, aber so richtig liquide konnte er davon nicht werden. Es war die Zeit zwischen den beiden Weltkriegen, und als der an die Macht kam, dessen Vorname auch der seine war, war das Schicksal des alten Jörgensen wie gemacht. Jemand mit Namen Rosenberg oder so ähnlich, Textilfabrikant und Jude, der etwas Drohendes auf sich zukommen sah, verkaufte die Firma und wanderte nach Amerika aus. Er bekam längst nicht den Preis, den die Firma wert war, aber Jörgensen verhandelte zäh, jammerte, dass er nicht so viel aufbringen könne, die Banken verweigerten einen höheren Kredit, und als Rosenberg, der die Passage schon terminiert hatte, die Zeit davonlief, willigte er in den eigentlichen Spottpreis ein. Es war alles rechtens, keine Enteignung, was sich dann nach dem Krieg als äußerst wichtig herausstellte.

Zunächst aber galt es zu produzieren, Mäntel, Jacken, Uniformen. Jörgensen vergrößerte ständig die Produktion, engagierte sich sozial mit einer Werksküche und beförderte in eigenen Bussen die Näherinnen, Plätterinnen und Zuschneider aus dem weiteren Umland in das offene Fabriktor. Der Schornstein rauchte, und schon wurde dem rührigen Unternehmer die goldene Fahne verliehen. Und da man sich nicht verweigern konnte, wurde nach Kriegsausbruch auf Rüstung umgestellt. Die flinken Finger der Näherinnen drehten nun Kartuschen ab, die in einem unweit gelegenen Bergstollen befüllt wurden.

Die Firma wurde Lazarett, nach dem Krieg Polenlager, und dann standen die amerikanischen Panzer rundherum und evakuierten in Windeseile die meuternden Polen, denen es viel zu lange dauerte, in ihre Heimat zurückzukehren. Chevrolets mit offener Ladefläche nahmen die Menschen auf und fuhren mit ihnen in Richtung Osten. Erst einige Jahre später wurde die Textilfabrikation wieder aufgenommen.

Der halbe Ort war in der Firma beschäftigt. Wir sahen den Chef, seine leitenden Angestellten und auch Sven Eric, von dem man sagte, er sei so etwas wie der Syndikus der Firma. Allerdings muss er da nicht viel getan haben, denn er bereiste die Welt und sammelte Gemälde. Für die tatsächliche Arbeit war ein Jurist fest angestellt, der selbstständig die ausgearbeiteten Verträge der Firmenleitung vorzulegen hatte.

Wir sahen Sven Eric bei den jährlichen Sommerfesten, die der alte Jörgensen in seinem weiträumigen Garten abhielt und wo der ganze Ort eingeladen war. Es gab zu essen, Kinderspiele wurden abgehalten, unter einer wuchtigen Kastanie gab es Freibier. Der Bürgermeister fand lobende Worte, und wenn Vater Jörgensen das Wort ergriff, gesellten sich zu der Produktion die nicht mehr rosigen Zeiten hinzu. In einer Lotterie konnte man Kinderanzüge und Hemden gewinnen.

An einem schönen Sommertag, wir gingen als Schüler gerade über die Rasenfläche, kam uns Sven Eric entgegen und sprach ganz jovial unseren Hans an.

„Ist dein Vater auch bei uns in der Firma?“

„Ja.“

„Und was macht er da?“

„Bügler.“

„Oi“, entsetzte sich Sven Eric, „das ist doch da mit

dem ganzen Dampf. Dort bekommt man bestimmt großen Durst?“

„Ja.“

„Sicher, so muss es sein. Und was wünscht sich dein Vater?“

„Mehr Geld.“

„Das ist direkt“, lachte Sven Eric. „Aber damit habe ich nichts zu tun. Das macht der jeweilige Abteilungsleiter. Gefällt es euch denn hier bei uns?“

„Ja“, kam es unisono aus unserem Mund.

„Fein. Dann amüsiert euch auch weiterhin.“

Er verließ uns, ohne sich umzudrehen, und wir wanderten zum Pavillon, umkreisten den Weiher und kamen dann wieder in den vorderen Bereich. Was sich unseren neugierigen Blicken im Pavillon darbot, waren nur Gartenmöbel und eine Tischtennisplatte, alles ein bisschen verstaubt und lange nicht benutzt.

Wir waren noch zu jung, um uns Gedanken darüber zu machen, wann Sven Eric wohl einmal heiraten würde, aber die Erwachsenen schnitten das Thema an und munkelten ganz verschrobene Dinge wie: *Er liebt Männer* oder er sei ein Zwitter. So richtig konnten wir mit diesen Sachen nichts anfangen, aber unsere Fantasie ging mächtig mit uns durch und siedelte das Ganze im Bereich des Kriminellen an, und das war so etwas Verdächtiges, dass wir uns nur flüsternd darüber unterhalten konnten.

Der alte Jörgensen hatte mit großem Risiko und viel Engagement die Firma aufgekauft. Er hatte sie zu einer bekannten Marke emporgewirtschaftet. Dabei hatte er das Dritte Reich und die Entnazifizierung überlebt, aber als das Wort *global* auftauchte, verabschiedete sich sein Geist vom Unternehmertum. Ihm ging es gegen den Strich, die Arbeitsplätze ins Ausland zu verlegen. Es war nicht seine Sache, hier zu denken und anderswo zu produzieren. Er war konservativ, ja, aber er hatte keine Lust, in seinem nun fortgeschrittenen Alter diese Strapazen auf sich zu nehmen. Nicht eine Sekunde dachte er daran, die Leitung seinem Sohn zu übertragen. Der war Jurist, Schöngeist, von Wirtschaft ziemlich unbeleckt, und außerdem hatte er ihn nicht darauf vorbereitet. Was sein Sohn erhalten sollte, war das Erbe, und das sollte eigentlich so lange dieser lebte ausreichen.

Es herrschte große Aufregung, als feststand, dass der alte Jörgensen alles verkauft hatte. Unsere Eltern waren davon betroffen, viele Bekannte. Innerhalb ganz kurzer Zeit war die Firma eine Industriebrache, wurde später abgerissen und hinterließ ein Loch, auf das man eine neue Siedlung baute.

Natürlich hatte der plötzliche Verkauf auch einige gerichtliche Nachspiele, von denen sich Sven Eric möglichst fernhielt. Er überließ die Abwicklung dem Vater, der nur noch sein Kapital verwaltete.

Und dann machten Vater und Mutter eine Safari, bereisten den Kontinent, den man den schwarzen nennt, und es war ein einmotoriges Flugzeug, das wie ein Zebra angestrichen war, und es war der Ngorongoro-Krater, den sie überflogen, schön brummend, als der Motor spuckte, stotterte, aussetzte ... Wie ein Geschoss bohrte sich die Spitze mit dem Propeller in die trockenharte Erde.

Es war die Villa mit Putzfrau, Haushälterin und Gärtner, die Sven Eric allein bewohnte. Wir hörten, dass er sich nach dem Tod der Eltern nicht langweilte, viel las, und außerdem machte er längere Auslandsreisen. Wohin es ging, erfuhren wir nicht, aber es muss weiter, viel weiter weg gewesen sein.

Das jährliche Sommerfest fiel natürlich aus, aber Sven Eric war so an unsere Örtlichkeit gebunden, dass er den Vereinen pünktlich eine Spende zukommen ließ. Äußerst selten erschien er bei den Festen, Stiftungsfeierlichkeiten, Feuerwehrbällen, Jahrestagungen des Gesangvereins, und wenn, dann saß er immer in der Nähe des Bürgermeisters. Da Sven Eric mittlerweile das Alter von vierzig Jahren gut überschritten hatte, gewöhnte man sich an seine Ungebundenheit und stempelte ihn zum ewigen Junggesellen, wohl wissend, dass Junggesellen seltsam und verschroben sind, unverheiratete Frauen dagegen zickig, und beide haben sie eine Macke.

Bei ihm merkten wir nichts. Von seiner Kleidung bis zur Sprache war alles korrekt. Sicher waren die Hausangestellten offiziell zum Schweigen verpflichtet, aber offiziös sickert schon mal das eine oder andere durch, weil man sich vergisst. Aus dem Hause Jörgensen drang nichts nach draußen, das war schon so beim Vater gewesen, und der Sohn hielt sich ebenso daran.

Wir hörten davon, als Sven Eric von einer längeren Auslandsreise zurückgekehrt war, dass er diesmal eine Frau mitgebracht hätte, eine schöne Frau. Wir wollten es zunächst nicht glauben, reckten unsere Hälse, um über den Zaun schauen zu können, aber allmählich bestätigte sich das Gerücht. Es war ein Sonntagnachmittag, als Sven Eric mit ihr das Grundstück verließ und elegant einen Spaziergang durch den Ort vornahm. Es war so etwas wie Vorzeigen.

Denn sie war schön, zart, nicht von hier und mit einer so feinen Bräunung der Haut, was man beim Kochen kross nennen würde. Die Ebenmäßigkeit der Gesichtszüge wurden von einer wunderbaren Pracht schwarzer Haare umrahmt, wobei sich die Nasenflügel kaum merklich bewegten. Sie trug das Lächeln ihrer Vorfahren auf den Lippen, und ihre Wimpern konnten so sittsam niedersinken, dass ein Schimmer Lieblichkeit von ihr ausstrahlte. Ihre Stimme flüsterte wie ein kleiner Vogel im Gesträuch. Zufällig begegnete den beiden der Bürgermeister des Ortes, der denn auch stehenblieb und sie begrüßte.

„Sven Eric, Sie sind wieder da, wie ich sehe“, sagte der Bürgermeister. „Hatten Sie eine gute Zeit, eine gute Reise? Wo waren Sie noch gleich?“

Sven Eric verharrte kurz.

„Bali und Samoa", sagte er. „Übrigens, Herr Bürgermeister, darf ich Ihnen meine Bekannte vorstellen? Manuma. Manuma, das ist der Bürgermeister unseres Ortes, Herr Wittenbreder."

„Guten Tag", sagte der Bürgermeister, und auch sie flüsterte den schon erlernten Gruß.

„Manuma?", fragte der Bürgermeister weiter.

„Manuma Teko", antwortete Sven Eric. „Manuma ist ihr Vorname, und nur den braucht man in ihrer Heimat. Sie kommt aus Apia, wo ihre Eltern leben."

„Ah ja, Apia", sagte der Bürgermeister beschämt.

„Apia ist die Hauptstadt von Samoa", sagte Sven Eric.

„Wissen Sie, Sven Eric, das ganze ist für mich ein bisschen weit weg", sagte der Bürgermeister. „Ich bin so ein bodenständiger westfälischer Dickschädel, mich bringt hier nichts weg. Wenn Sie wissen, was ich meine?"

„Und ich komme immer wieder zurück", entgegnete Sven Eric lachend.

„Da haben Sie Recht. Genau haben Sie Recht, Sven Eric. Ach, was ich Sie noch fragen wollte, haben Sie ein Bild kaufen können? Eines für Ihre Sammlung?"

„Leider nein. Die Südsee steckt nicht so voller Maler. Und Gauguin ist schon lange tot."

„Ach was", sagte der Bürgermeister. „Und wie lange ist er schon tot?"

„Um die Jahrhundertwende", sagte Sven Eric. „Das genaue Datum habe ich natürlich nicht im Kopf."

„Besitzen Sie ein Gemälde von ihm?"

„Nein. Das übersteigt meinen Rahmen. Ich sammle Bilder und keine Berühmtheiten."

„Ist Gauguin so berühmt?"

„Es geht. Jedenfalls teuer genug ist er. Daran mag auch sein Leben und sein Tod schuld sein."

„Ja?", fragte der Bürgermeister. „Woran starb er denn?"

„An einer venerischen Krankheit", erwiderte Sven Eric. „Wenn Sie wissen ..."

„Aber ja", entgegnete der Bürgermeister. „Das ist mir völlig klar. Ja, ja, diese Künstler."

Wir sahen, wie Sven Eric seine Manuma über alles verehrte. Keinem von uns konnte es verborgen bleiben, dass er sie liebte. Er tat alles für sie, kaufte einen feuerroten Sportwagen und fuhr mit ihr über das weitere und fernere Land. Obwohl er eine gute Köchin angestellt hatte, die ihm jeden Wunsch erfüllte, speiste er mit Manuma in den nobelsten Restaurants.

Es war Liebe für beide, und sie waren so glücklich wie ihre Augen, die das Blau des Himmels aufnahmen und überstrahlten. Sven Eric lachte, nur wenn er sie sah, und sie gab das Lachen mit einer Bescheidenheit zurück, die tief aus ihren Mundwinkeln emporleuchtete. Und was das Schönste war: Sie taten sich keinen Zwang an. Sven Eric und Manuma waren das natürlichste Paar der Welt, so schien es uns. Wir glaubten fest daran, dass über kurz oder lang eine Heirat angesagt sein würde.

Und dann war Manuma plötzlich verschwunden. Wir sahen, wie Sven Eric mit viel Hektik unterwegs war, aber wohin und was er zu erledigen hatte, blieb uns verborgen. Wir kamen auf den Gedanken, dass sie in ihre Heimat zurückgekehrt war, aber so plötzlich und ohne jede Ankündigung? Es hatte auch nicht den Anschein, dass Sven Eric ihr nachfahren und sie zurückholen würde. Er sah schlecht aus in dieser Zeit, sehr hohlwangig, und wenn uns nicht alles täuschte, rauchte er wieder Zigaretten, dieses Teufelszeug für die Lungen.

Ganz allmählich kehrte wieder Ruhe auf dem Grundstück Jörgensen ein, ohne Manuma, denn die blieb für uns weiterhin verschwunden. Sven Eric erholte sich, wie wir sehen konnten, doch schwer hatte ihn der Verlust getroffen. Selten streifte ein Lachen seinen Mund. Er schaute so ernst wie ein Pokergesicht, und dabei hatte das Leben noch so viele Jahre für ihn bereit.

Nicht sofort, aber allmählich drang es zu uns, dass Sven Eric nicht mehr in der Villa, sondern im Pavillon schlafen würde. Wir hielten es für einen Witz und konnten uns keinen Reim darauf machen. Wieso wechselte ein gestandener Mann, Doktor der Jurisprudenz und nicht unvermögend, vom Herrschaftshaus in einen Gartenpavillon? Lange, undurchsichtige Vorhänge sollten vor den Fenstern angebracht sein. Zu den Mahlzeiten erschien Sven Eric jedoch immer in der Villa, wo die alternde Köchin, die schon die Eltern bekocht hatte, ihn liebevoll bediente. Nur sie durfte ihn duzen.

Es war der Stock, den Sven Eric schwang und der uns tief im Gedächtnis haften blieb, wenn wir später an ihn dachten. Es war das Kinn, das er aufrecht hielt, und es waren die stehengebliebenen Stoppeln am Hals, die er, um sie abzurasieren, ohne Brille nun nicht mehr sehen konnte.

Ein bisschen ließ er sich gehen, und ein bisschen war es die Einsamkeit des Alters, die von ihm und seiner Umgebung Besitz ergriff. So wie jeder vergangene Tag ihn in seiner Bewegung einschränkte, ihn leicht kraftlos machte, so verstärkte sich in zunehmenden Maße die Isoliertheit von Draußen. Er hatte nicht mehr die Kraft, etwas Neues zu beginnen, und eigentlich wollte er das auch gar nicht mehr. Die Bilder, seine Gemäldesammlung, waren in eine Stiftung übergegangen.

Und dann, eines Morgens, erzählte es jeder jedem, dass Sven Eric uns verlassen habe.

Wir gingen zum Leichenbegängnis in der hintersten Reihe. Wir schauten den Blumen, dem Sarg und dem ganzen Aufwand zu, und alles lief wie in einer Bühneninszenierung vor unseren Augen ab. Die Posaunen spielten, der Pfarrer sprach, und dann kamen noch ein paar Redner aus anderen Organisationen, deren Herkunft, da sie schwarz gekleidet waren, nicht zu deuten war. Alle waren des Lobes voll, und wenn Sven Eric das gehört hätte, wäre sicher in seinen Augen ein Leuchten zu sehen gewesen.

Als der Sarg hinabgesenkt wurde, gab es ganz vorne einige, die mit ihren weißen Taschentüchern die Augen abtupften, aber wenige Reihen dahinter waren schon etliche, deren Betroffenheitsblicke unter das Blätterdach einer mächtigen Kastanie abirrten.

Wir, die wir keine Schaufel mit Erde hinabwerfen wollten, verließen bereits vor dem großen Aufbruch den Gottesacker. Unser Weg führte vom Friedhof durch den Wald, um das ehemalige Firmengelände herum, wo jetzt eine neue Siedlung stand, und dann befanden wir uns am Ende des großen Gartens, wo hinter der Umfriedungsmauer Pavillon und Weiher lagen.

Natürlich versuchten wir, über die Mauer zu schauen, was uns eigentlich noch nie so richtig gelungen war, und als dann einer mehr so zum Spaß versuchte, gegen die Gartenpforte zu treten, gab die plötzlich nach und öffnete den sonst immer verschlossenen Zugang. Wir waren erwachsene Menschen, alle anderen auf der Beerdigung, und so traten wir ein.

Veränderungen konnten wir zunächst kaum wahrnehmen. Der Garten war gepflegt, unter den großen Bäumen gemäht, und was an Blumen und Büschen an den Rändern blühte, stach vom grünen Einerlei wohltuend ab. Allerdings, wir sahen es, war der Weiher etwas vernachlässigt. Es sah aus, als ob die Reiher die Goldfische geholt hätten, denn kein Rot schwamm unter der Wasseroberfläche.

Als wir uns dem Pavillon näherten, fielen uns die langen, bis auf den Boden reichenden blickdichten Gardinen auf. Jedes Fenster war damit verhängt, sogar die Eingangstür. Obwohl wir hineinzuschauen versuchten, konnten wir keinen Blick in das Innere erlangen. Der Dekorateur hatte gute Arbeit geleistet. Wenn uns nicht alles täuschte, war hinter den Vorhängen von Innen ein ganz schwacher Lichtschein zu erkennen.

Wir prüften die Tür, weil wir schon mal hier waren, und sie gab nach. Wir hatten schon vor langer Zeit gehört, dass Sven Eric hier geschlafen hätte, und so traten wir ein. Wir waren so neugierig wie irgendetwas, denn bald würden wir hierher sicher nicht mehr kommen können.

Aus dem Pavillon hatte man unter Ausnutzung der Rundungen mehrere Räume erschaffen. Es war ein Waschbecken vorhanden, ein Spiegel, und darunter Sven Erics Rasierutensilien. Wir sahen, dass ein Mensch hier gelebt hatte, und dann waren da ein Bett, ein Nachttisch und ein Uhrenradio. Das Bett war noch nicht gemacht, vielmehr lag das Oberbett am Boden, über den Hausschuhen.

Aus dem Dämmerlicht, das uns umfing, drang ein schwacher Lichtschein an unsere Augen. Wir folgten der Helligkeit und standen erschüttert da.

Ein großer Raum mit weiter Rundung tat sich vor uns auf. Sie hatte die Form einer Apsis und war indirekt mit schwachem Licht ausgeleuchtet. Zwei runde Lorbeerbäume und zwei riesige brennende Wachskerzen standen am Kopfende, davor der glänzende Sarg, auf dem verwelkte Blumen lagen, die vor einigen Tagen noch frisch gewesen sein mussten.

Wir sahen uns an und wir wussten alles, und eigentlich auch gar nichts. Ein kaltes Gefühl strich über unsere Rücken, als wir uns dem Sarg näherten, einer alleine hätte das nicht geschafft.

Wir brauchten den Sarg nicht zu öffnen, um zu erfahren, wer dort aufgebahrt lag. Oben am Sarg war ein kleines Fenster angebracht, durch das man hindurchschauen konnte, und was wir sahen, war Manuma. Sie war präpariert, aber so schön, als ob sie noch leben würde. Sogar ihr Teint, dieses krosse Braun, schimmerte nach so vielen Jahren des Schlafes noch immer durch. Und irgendwie hatten wir den Eindruck, als ob ganz schwache Orgelklänge, kaum wahrnehmbar, über dem Sarg und unseren Köpfen schwebten.

Und etwas wie Ergriffenheit bemächtigte sich unser und ihrer im Tode. Er war also immer bei ihr gewesen. Er hatte sie keine Nacht alleine gelassen.

TOD IN NEU MEXIKO

Als er damit begann, wofür er später Geld bekam, war es ein kläglicher Anfang. Den Ring hatte man auf der Bühne des Gemeindehauses aufgebaut, und wenn die Kämpfer den Ring betraten, mussten sie hinter den Vorhängen der Bühne hervortreten und in das Seilgeviert steigen. Wenn der Sekundant nicht die Seile offen hielt, verhedderte man sich leicht in den langen roten Bahnen.

Beide, er sowohl als auch sein Gegner, hatten Angst. Sie waren wie zwei spielende Hunde, die nicht wagten, einander näher zu kommen. Zuckte einmal die Führhand heraus, verpuffte sie im luftleeren Raum. Und kam man sich zu nahe, sprang der andere ängstlich zurück. Zugegeben, beide kämpften zum ersten Mal öffentlich, und als das Urteil ‚Unentschieden' lautete, schmunzelte das Publikum, zuckte mit der Schulter und erwartete in den nächsten Faustkämpfen handfestere Kost. Schwergewicht war immer etwas, worauf alle warteten, weil es dann knackige Schläge und wunderbare Treffer gab, die das eine oder andere Knie wacklig werden ließ.

Er, von dem hier die Rede ist, hieß Karl-Heinz. Er war ein gut gebauter junger Kerl von zwanzig Jahren, wechselte vom Leichtgewicht in das Weltergewicht, als auch der Vereinswechsel vom Dorf zur Stadt stattfand. Karl-Heinz hatte leicht rötlich schimmerndes Haar, eine wohlgeformte Nase und ein energisches straffes Kinn. Seine Augen waren grau und der Körper durchtrainiert und sehnig. Nicht ein Gramm Fett war zuviel an ihm. Was die Körpergröße betraf, so war er für seine Gewichtsklasse groß, ohne lang zu sein, und was die Statur anging, so war er kräftig, ohne pummelig zu sein.

Karl-Heinz war von der Sprache her ein sanfter Mensch, weder aufgeregt noch böse noch aggressiv. Er war als mittelmäßiger Schüler von der Schule abgegangen und hatte dann eine Lehre als Elektriker absolviert. Und weil er sich da so wenig ausgefüllt fühlte, hatte er mit dem Training bei den Faustkämpfern angefangen. Sein erster Kampf allerdings war keine Offenbarung gewesen. Die Angst hatte ihm einfach den Mut genommen.

Der Trainer im neuen Verein hieß Ackermann, ein alter, wohlbekannter Kämpfer in mehreren berühmten Staffeln, die auch im Ausland angetreten waren. Seit er aus Altersgründen vom aktiven Sport zurückgetreten war, widmete er sich der Nachwuchsarbeit mit Erkennung und Sichtung förderungswürdiger Talente. Über allem stand allerdings das Grundtraining und die körperliche Fitness.

Karl-Heinz fiel ihm zunächst nicht auf. Zu Beginn des Trainings wurde „Um den Wall“ gelaufen, dann begann die Gymnastik. War dies beendet, stand Seilspringen an. Danach wurde der Sandsack, die Birne bearbeitet, Schattenboxen folgte, bevor die Unzen hervorgeholt wurden und das Sparring mit entsprechenden Absprachen die Trainingsstunden beendete. Die Absprachen waren wichtig, weil sie die Wut und die Verletzungsgefahr minderten, denn unter Vereinskameraden wollte man keine Rachegedanken schüren. Fitness und Kameradschaft standen hoch im Kurs.

Irgendwann, eher beiläufig, gab Trainer Ackermann Karl-Heinz diesen und jenen Tipp. Dieser befolgte die Anweisungen haargenau, arbeite emsig und fleißig an seiner Fitness und der Kondition. Was dem Trainer bald auffiel, war, dass Karl-Heinz ein exzellentes Auge sowie eine pfeilschnelle Reaktion besaß. Der Trainer verbesserte seine Beinarbeit, die Technik, machte ihn fit für das Schlagen überfallartiger Dubletten. Die kamen so überraschend, und schon war er wieder aus der Reichweite der gegnerischen Fäuste. Im Sparring musste sich Karl-Heinz erfahrene Leute suchen, die überhaupt noch bereit waren, mit ihm über die Runden zu gehen.

Als die nächsten Aufbaukämpfe in der Staffel stattfanden, wurde das Talent des Kämpfers Karl-Heinz erkannt und gefördert. Zwei, drei Kämpfe erfolgten noch mit angezogener Handbremse, aber dann sprühte das Feuerwerk von Technik und Schnelligkeit aus der Dunkelheit in die Helligkeit auf. Fast über Nacht gab es den beinahe Hauptkämpfer, der noch mehr bejubelt wurde als die Schwergewichtler. Das Publikum liebte sein Können, die Technik, seine Schnelligkeit. Und was geboten wurde, waren haushohe Punktsiege, Abbruchsiege, gelegentlich kam auch ein Knock-out dazu. Betrat Karl-Heinz den Ring, war man sich rundherum bewusst, dass nun ein Boxkampf auf allerhöchstem Niveau stattfand.

Einer seiner Höhepunkte im Amateurlager war der Kampf gegen den amtierenden Europameister. Groß, wie ein Europameister nun einmal angekündigt wird, gab sich dieser bei der Vorstellung, aber als Karl-Heinz dann loslegte, hatte der Europameister außer Klammern und Schubsen keine Antwort auf die technisch perfekte Leistung seines Gegners. Als die Punktrichter, um den Europameister nicht zu entzaubern, auf ein Unentschieden plädierten, pfiff der Saal minutenlang. Nach der Urteilsverkündung und dem Shake-hands in der Ringmitte, tauchte der Europameister zwischen den Seilen hindurch und war schon in der Kabine verschwunden.

Bevor Karl-Heinz als Amateur Meisterschaften gewinnen und große Ehren erkämpfen konnte, wurde er von einem Profistall aus Dortmund unter Vertrag genommen, wo ihm suggeriert wurde, er dürfe sein großes Talent nicht bei den Amateuren vergeuden. Karl-Heinz glaubte ihnen und wurde Rahmenkämpfer, lukrativ zwar für ihn, aber eben nur ein Anhang im Geschäft der Profis. Und allemal ging es rauer, viel härter zu. Wie der Manager ihm mitgeteilt hatte, wollte er ihn allmählich aufbauen.

Karl-Heinz genoss den Status eines Profis voll und ganz. Er hatte Geld, er hatte Mädchen, das Training wurde eine verdammte Pflicht, der man sich aber zu stellen hatte. Und die Mädchen kamen, und wie sie kamen. Von einer Trainingseinheit zur nächsten warteten sie draußen und lachten ihn an, wenn sein gestählter Körper aus dem Türrahmen trat. Karl-Heinz fühlte sich geschmeichelt, sie so um sich zu haben, und er gab ihnen nach, was immer sie von ihm wollten. Innerhalb kurzer Zeit war er Vater von vier Kindern und sein Manager, gelinde gesagt, entsetzt.

„Was machst du bloß für Sachen?“, sagte der Manager zu ihm. „Ich verstehe ja, dass du kein Heiliger sein musst. Frauen sind was Notwendiges und Schönes. Aber kannst du dich nicht ein wenig vorsehen und Vorsorge treffen?“

„Ich weiß nicht.“

„Stell dich nicht dümmer als du bist. Schließlich kann man verhüten.“

„Verhüten?“

„Na klar. Kondome nehmen oder sonst was.“

„Damit macht es mir überhaupt keinen Spaß“, entgegnete Karl-Heinz. „Bevor ich damit zurechtkomme, ist mir die Lust längst vergangen.“

„Herrje“, seufzte der Manager. „Hast du überhaupt schon mal an die Alimente gedacht, die du wirst zahlen müssen? Ehrlich, Karl-Heinz, du sitzt hier wie auf einem Pulverfass. Wenn ich genau darüber nachdenke, müsste man dich irgendwie aus der Schusslinie ziehen. Aber wie?“

„Manager, ein paar Kämpfe und ich habe die Alimente“, sagte Karl-Heinz.

„Wenn das alles so einfach wäre“, entgegnete der Manager. „Ich überlege aber.“

Eine Woche später saß Karl-Heinz im Flieger nach New York, wo ein befreundeter Boxstall ihn übernehmen sollte. Alles lief glatt, das Training im Gym war wie in Dortmund, und Kämpfe bei öffentlichen Veranstaltungen folgten. Karl-Heinz ging es gut, er hatte Geld und eine Unmenge von neuen Eindrücken. Er bereiste das Land bis zur Westküste, war in Las Vegas, im Grand Canyon. Die Kämpfe allerdings waren viel härter als daheim, ruppiger, unfairer. Für einen Hauptkampf gab das Gym ihn noch nicht frei. Außerdem war der Trainer ein Farbiger, und der mochte rot angehauchte Haare nun überhaupt nicht.

Als dann die Sache mit dem presbyterianischen Mädchen geschah, das auch noch schwanger war, fackelte der amerikanische Boxstall nicht lange und schickte Karl-Heinz kurzerhand zurück. Bevor dieser seinen Manager aufsuchen konnte, war der bereits über alles informiert.

„Die Sprache hast du gelernt?", war die erste Frage des Managers.

„Ja."

„Wenigstens etwas. Aber sonst scheinst du wenig gelernt zu haben."

„Wie meinen Sie das, Manager?"

„Wie ich das meine?" Die Lippen des Managers wurden eng. „Herrje, wie kann man nur als Boxer im prüden Amerika ein Mädchen schwängern! Dass man dich noch nicht als Vergewaltiger festgehalten hat, grenzt fast an ein Wunder."

„Ich habe das Mädchen nicht vergewaltigt. Ich verstehe gar nicht, warum sich die da drüben so furchtbar aufgeregt haben. Außerdem liebt das Mädchen mich."

„Liebt dich." Der Manager lachte unter Zigarettendampf. „Du kannst ja wieder rüberfahren. Aber lass dich nicht erwischen." Eine Pause entstand, in der die Zigarettenspitze rot aufglühte.

„Und wie geht es jetzt weiter?", wollte Karl-Heinz kleinlaut wissen.

„Gar nicht“, war die prompte Erwiderung. „Es geht nicht weiter.“

„Wie, es geht nicht weiter?“

„Ganz einfach“, sagte der Manager. „Ich löse deinen Vertrag auf. Du bist hiermit entlassen.“

Karl-Heinz fiel aus allen Wolken. Er wollte es nicht glauben und schluckte heftig.

„Aber Manager“, stotterte er. „Das können Sie mit mir nicht machen.“

„Und ob ich das kann“, sagte der Manager. „Deine Libido macht mir hier das ganze Gedinge kaputt. Wenn du noch Sachen hinterlegt hast, pack sie und verschwinde. Ich möchte dich keinen Tag länger sehen.“

Die Kündigung war so radikal, dass Karl-Heinz von der Bildfläche verschwand und man lange Zeit nichts mehr von ihm hörte. Beiläufig gesprochen erhöhte sich die Anzahl der Raubüberfälle ein wenig, aber das war schließlich Sache der Polizei und nicht die eines Boxmanagements. Der Manager hatte Karl-Heinz mit einer geringen Summe abgefunden, und selbst das war ein Nullposten.

Bei der Polizei indes sammelte Kommissar Kerker, der später Direktor werden sollte, alle Fakten der in letzter Zeit unaufgeklärten Fälle von Raub und räuberischer Erpressung. Akribisch versuchte er Sinn in die anscheinende Bedeutungslosigkeit der Hinweise zu legen, sammelte, ermittelte, war manchmal müde bis zum Umfallen. Es waren Kennzeichenfragmente, die plötzlich auftauchten, ein Autotyp, eine mehrmals gesehene Lackfarbe. Kerker verbiss sich in seine Arbeit, kam näher, ganz nahe. Bevor der Zugriff erfolgte, wurde observiert, tagelang. Es war ein Wohnwagen, der am Elseufer stand, und als an einem nebligen Morgen die Festnahme erfolgte, war einer der beiden Männer Karl-Heinz.

Den Festgenommenen konnten die Raubüberfälle nachgewiesen werden, auch das ein Erfolg von Kommissar Kerker, der sich aber ansonsten bescheiden und nur beruflich äußerte. Acht Jahre Haft lautete das Urteil für Karl-Heinz, von denen er aber nur die Untersuchungshaft absaß, denn während der Rückführung vom Gerichtssaal zum Gefängnis gelang ihm die Flucht in die Freiheit. Freiheit, die er hier nicht mehr besaß, und bevor alles so richtig anlief, hatte Karl-Heinz die Staaten bereits erreicht. Kerker hatte bald herausgefunden, dass sein Schützling drüben war, aber drüben war ein großes Land und der Flüchtige untergetaucht. Spurlos. Man musste Geduld haben und die offiziellen Anträge stellen.

Nicht viel anders als Kerker sammelte man auch drüben Fakten. Karl-Heinz hatte kein Geld zum Leben, er musste es sich besorgen. Wie an einem Bindfaden waren es kleine Geschäfte, Tankstellen, Imbissbuden, die von östlicher in westlicher Richtung ausgeraubt wurden. Der Täter war immer vermummt, bewaffnet, und er fuhr einen Pick-up mit braunem Dach. Fast auf die Minute konnte man den nächsten Überfall berechnen, oder beinahe.

Es war ein kleiner Imbiss am Rande der Wüste, den Karl-Heinz ausgesucht hatte, und als er die Kapuze überzog und die Waffe auf den Verkäufer richtete, hörte er die Polizei angerast kommen. Wie ein Wirbelwind jagte er aus dem Geschäft heraus und in sein Auto. Mit durchdrehenden Reifen fuhr er von der Hauptstraße in die Wüste, geradewegs in Dürre und Trockenheit. Dicht gefolgt vom Sheriff, der alles mobilisierte hatte, was sein County hergeben konnte.

Plötzlich war die Straße zu Ende. Aus. Schluss. Nur noch Geröll und heißer, rötlicher Sand. Karl-Heinz überlegte nicht lange, ließ das Auto stehen und rannte den Berg hinauf. Zur Sicherheit benutzte er die auf dem Abhang herumliegenden großen Felsbrocken zur Deckung. Blitzschnell sprang er von einem Stein zum nächsten, schaute kurz zurück, ob ihm niemand folgte, und als das nicht geschah, kraxelte er weiter nach oben. Nur nicht aufgeben, dachte er keuchend, es gibt fast immer einen

Ausweg. Auch wenn man nicht mehr damit rechnet, auf einmal tut sich ein Schlupfwinkel auf, ein Pfad, ein Hohlweg, durch den man unversehens entspringen kann.

Oben angelangt hatte er die große, öde, weite Wüste in ihrer Grandiosität und Trockenheit vor sich, und rundherum mit eingeschalteten Blinklichtern die noch immer eintreffenden Polizeifahrzeuge.

Er war umstellt. Er musste Ruhe bewahren. Obwohl ihm die Brust kochte und das Herz bis in die Augäpfel hämmerte, robbte er, jeden Stein ausnutzend, vorsichtig weiter. Und jetzt stellte sich auch noch Durst ein, Durst, der durch die Nasenlöcher eindrang und alles verklebte. Am Fuße des Berges hatte der Sheriff sich hinter einem Stein niedergekniet. Locker hielt er das Gewehr in den Händen. Wenige Meter weiter war der Hilfssheriff liegend in Position gegangen und hatte sein Zielfernrohr auf die Felsen oben am Berg gerichtet.

„Siehst du ihn, Glenn?“, fragte der Sheriff und spuckte aus.

„Gleich“, sagte der Hilfssheriff. „Gleich, Sam.“

„Er muss da oben neben den drei Felsen stecken“, stellte der Sheriff fest. „Wahrscheinlich schon rechts davon.“

„Gleich, Sam“, sagte der Hilfssheriff. „Gleich habe ich ihn.“

Er sah durch das Zielfernrohr jede Einzelheit. Nicht einmal eine Maus wäre ihm entgangen. Er wartete, angespannt bis in die letzte Nervenfaser. Und als sich oben etwas bewegte, legte der Hilfssheriff den Finger an den Abzug. Es war die Sekunde, die noch fehlte, und dann war der Mann oben auf dem Berg voll ins Fadenkreuz gerutscht. Der Hilfssheriff bewegte keine Wimper, als sein Finger den kalten Abzug betätigte. Er fühlte nur, wie sich seine Schulter unter dem plötzlichen leichten Rückschlag straffte.

WIE JEDES JAHR

Der Mann und die Frau waren tüchtig ineinander verliebt. So oft sie es konnten, machten sie es, und es kam ihnen überhaupt nicht in den Sinn, dass die anderen im Hotel wussten, was sie taten und man es ihnen auch ansah, mit den dicken schwarzen Rändern unter den Augen. Sie waren beide Mitte Zwanzig und mit der unbändigen Kraft, die das Leben einem in dieser Phase schenkt. Während der Mahlzeiten im Speisesaal verhielten sie sich zurückhaltend, bescheiden und ausgesprochen leise. Selbst die Gespräche mit der Kellnerin waren nicht zu vernehmen. Da aber hin und wieder einer von ihnen die Lippen bewegte, vermutete die tumbe Allgemeinheit, dass sie sich aufreizende Kosewörter zuflüsterten. Im Grunde kannte man ja schon einiges, aber das druckt man nicht, weil es so intim ist.

Jeden Morgen erschienen die beiden sehr früh im Schwimmbad, kraulten ein paar Bahnen und planschten dann noch ein wenig vor sich hin. Einer der Hotelgäste hatte gesehen, wie sie ihm unter Wasser in den Schritt fasste und er sie daraufhin an gleicher Stelle streichelte. Sie hatten gelacht und gegurgelt, und dann hatte man sich gelöst.

Der Mann und die Frau waren so ziemlich die jüngsten Gäste im ganzen Hotel, und die Allgemeinheit liebte mit, freute sich daran, dass die beiden mit solcher Gier aufeinander angewiesen waren.

Nach zwei Wochen wechselte der Mann das Zimmer und zog in ein Einzelzimmer. Ein anderer Mann, mit grauen Haaren und mindestens dreißig Jahre älter als die Frau, wurde mit einem Rollstuhl in das Zimmer geschoben, das man jetzt zur Suite erweitert hatte, mit zwei getrennten Schlafzimmern rechts und links neben dem Wohnraum. Der neue Mann sah mürrisch und ungehalten aus, als er sich nach einem Cognac eine Zigarre angezündet hatte.

„Nun, wie ist er?“, fragte er die Frau.

„Was heißt ‚wie ist er‘?“, antwortete sie schnippisch. „Ich hasse es, wenn du in dieser Form mit mir sprichst.“

„Und wie sollte ich etwa mit dir reden? Soll ich dich nicht nach deinem Liebhaber fragen? Sollte ich den gar nicht erwähnen?“

„Du hast mir versprochen, dass du mich gewähren lässt“, sagte die Frau. „Es ist erniedrigend für eine Frau, wenn ein Mann sie wie sein Eigentum behandelt.“

„Ich behandele dich nicht wie mein Eigentum“, sagte der Mann im Rollstuhl. „Aber ich habe immer noch Gefühle, eine Seele wie ein Mann. Auch wenn der Verkehrsunfall mich zum Krüppel gemacht hat.“

„Ich habe deine Gefühle immer akzeptiert“, sagte die Frau. „Aber ich bin eine Frau, und die will ich auch aus ganzem Herzen bleiben.“

„Unsere Vereinbarung war: keine Kinder.“

„Ich bin nicht schwanger.“

„Könntest du aber jederzeit werden.“

„Hör mal, wie redest du mit mir?“, sagte die Frau. „Ist das vielleicht ein Verhör?“

„Du lebst von meinem Geld“, sagte der Mann im Rollstuhl. „Ich finanziere dir fast jedes Vergnügen, auch deine Liebhaber. Kann ein Mann mehr für eine Frau tun?“

„Er könnte sich zum Beispiel besaufen und alles vergessen“, sagte die Frau. „Warum grübelst du über meinen Liebhaber nach? Das bringt doch nichts, vor allem keine Männlichkeit.“

„Es war ein Unfall.“

„Kommt jetzt wieder die Mitleidsmasche? Ach Gott, was kannst du einem den Tag verderben.“

Sie sprachen sich nicht aus, weil alles schriftlich geregelt war, finanziell und menschlich, und wenn der Mann im Rollstuhl nach langwierigen Schlafvorbereitungen im Bett lag, verließ die Frau ihr Zimmer und betrat das des

Jüngeren. Manchmal wurde sie fast hineingerissen, wild und ungestüm. Tagsüber schob sie den Rollstuhl.

Einige Hotelgäste tuschelten, weil man die neue Situation nicht deuten konnte, und als dann ein ehemaliger Kriminalbeamter sich erbot, im vorliegenden Fall fachmännisch zu eruieren, wartete man gespannt ab. Der Mann trat zum Empfang, und der Portier schaute vom Gästebuch hoch und über seine Halbbrille den vor ihm Stehenden an.

„Ja bitte?", fragte der Portier.

„Entschuldigung", sagte der Beamte. „Ich hätte eine Frage."

„Ja bitte."

„Der Mann im Rollstuhl. Sie wissen schon. Ist das der Vater der jungen Frau?"

Der Portier kräuselte ein wenig die Stirn. Er wollte eigentlich nichts sagen, aber im ganzen Hotel gab es nur einen Gast im Rollstuhl.

„Sie meinen", erwiderte der Portier, „den Herrn im Rollstuhl ...? Nein, nicht der Vater. Das ist der Ehemann der jungen Frau."

„Der Ehemann?"

„Ja", sagte der Portier.

„Und der junge Mann, mit dem sie immer zusammen war?", sprudelte es aus dem Beamten heraus. „Wir dachten immer, die seien ein Paar. Ein Ehepaar."

„Nein", erwiderte der Portier. „Der junge Mann ist der Sekretär der jungen Dame. So ist es auch im Gästebuch eingetragen."

„Sekretär?" Der Beamte konnte es nicht fassen. „Merkwürdig. Und wir dachten immer, die beiden seien ein Liebespaar. Es hat jedenfalls so ausgesehen, die ganze Zeit über."

„Darüber kann ich Ihnen keine Auskunft geben", sagte der Portier bestimmt. „Wir sind ein Hotel. Keine moralische Institution. Verstehen Sie?"

„Ja", sagte der Beamte kleinlaut.

Der Portier war dabei, als die junge Frau und der Mann im Rollstuhl das Hotel verließen, und er war auch anwesend, als der junge Mann zwei Tage vorher das Hotel verließ. Er kannte die junge Frau und den Mann im Rollstuhl seit langem, er kannte seine guten Zigarren, die Havannas, und er wusste um seine Hemmung.

Den Sekretär kannte er nicht. Er war sich sicher, dass er ihn nie wiedersehen würde. Wie jedes Jahr.

EINMUENDUNG SANDSTRASSE

Das Haus lag an der Ecke Einmündung Sandstraße, schräg gegenüber dem Sportplatz. Es hatte ein Walmdach, Dachgauben, und über den Gauben einen Trockenboden. Der Sportplatz hatte guten und fairen Sport erlebt, Feste, die alle anlockten, und wenn die Zeit das Ganze ein wenig heruntergekommen aussehen ließ, so wirkte der Aufstieg der großen Firma an der Hauptstraße wie ein Heilmittel, denn es gab Geld und neue Duschen.

In dem Eckhaus lebten Herbert und Henny. Herbert beschäftigte sich hauptsächlich mit dem Garten, und wenn er hineinging, schlief er meistens gleich ein. Henny, seine Frau, war schlank, drahtig, aber mit einem gut ausgestatteten Busen. Sie hatten eine gemeinsame Tochter, Ulrike, die als Kind und Schülerin unauffällig und als junge Frau brünett und etwas hüftlastig war. Im Gegensatz zu ihrer Mutter hatte sie einen schwach ausgebildeten Busen.

Die Feste des Sommers kamen, und Ulrike putzte sich heraus. Sie war ansehnlich, bescheiden, und wenn sie ihre Augenlider senkte, gab ihr das einen Zug von etwas, das man nicht so ohne Weiteres besitzen kann. Allerdings musste sie aufpassen, denn ihre Freundinnen hatten bald alle einen festen Freund.

Ihre ganz unwesentliche Chance begann an dem Tag, als Ronald im Schlepptau seines Meisters ein Fallrohr an ihrem Haus erneuerte. Der Meister bramarbasierte, lockte den Vater in ein Kleinbeetgespräch, und sie stand bei Ronald und sah ihm zu, wie er seine Handhabungen ausführte.

So nebenbei meinte sie: „Sie machen das gut."

„Finden Sie?" Er sprach schüchtern und fast leise.

„Die Arbeit geht Ihnen gut von der Hand", sagte Ulrike. „Man sieht genau, dass Sie es gelernt haben."

„Na ja“, gab Ronald zur Antwort. „Das muss es eigentlich auch. Schließlich habe ich in zwei Wochen die Lehre beendet und bin dann Geselle.“

„In zwei Wochen“, wiederholte Ulrike. „Wie heißen Sie eigentlich?“, kam es plötzlich über ihre Lippen.

„Ronald Born.“

„Sind Sie von hier?“

„Nein. Aus dem Nachbarort. In der Nähe der Autobahnauffahrt.“

„Aha.“

Und als jetzt der Meister zurückkam und seinen Mitarbeiter ansprach, verließ Ulrike den Schauplatz und ging ins Haus.

In den nächsten Wochen erschien jeden Tag gegen Abend ein junger Motorradfahrer auf einer 98er Miele, der ständig die Sandstraße auf- und abfuhr. Es dauerte eine Weile, bis Ulrike den Motorradfahrer auf sich bezog und vor die Haustür trat.

Zuvor hatte ihre Mutter sie schon gefragt, ob der junge Mann auf dem Motorrad zu ihr wolle.

„Ich habe keinen Motorradfahrer bestellt“, hatte Ulrike schnippisch geantwortet.

„Zu mir will der bestimmt nicht“, hatte die Mutter geantwortet. „Oder doch?“

Ulrike stand am Straßenrand, als der Kradfahrer langsam angerollt kam, die Geschwindigkeit verringerte und vor ihr stehen blieb. Der Motor wurde im Stand wesentlich leiser und knatterte nicht mehr so fürchterlich.

„Hallo“, sagte er.

„Hallo“, antwortete Ulrike.

Es war Ronald Born, der die eng anliegende Motorradhaube abnahm und sie auf den Tank legte. Er lachte ein bisschen verlegen und nestelte an den Knöpfen seiner Jacke.

„Ich kam hier nur so vorbei“, sagte er.

Sie nickte.

Ronald Born hatte einen kurzen kräftigen Körper und dunkelblonde Haare. Seine Nase hing ein wenig nach unten, die Augen waren grau. Insgesamt mochte er vielleicht eine halbe Handbreit größer als Ulrike sein. Wenn sie Stöckelschuhe trug, waren sie gleich groß.

Natürlich erging es ihnen wie allen, die jung sind und sich verlieben, weil die Natur es so will. So tief ins Herz senkte sich plötzlich ein Mensch, dass einem schier schwindelig wurde und die Welt drumherum nur ein Anhängsel war. Ulrike erglühte stolz in Liebe, und ihm gefielen ihre kleinen duftenden Locken hinter den Ohren.

Die Glocken der Kirche läuteten mächtig, als es zum Traualtar ging. Selbstverständlich wohnten sie im Haus der Eltern, die die obere Etage komplett erneuern ließen. Im Wohnzimmer lag ein Teppichboden und die Kacheln im Bad waren hauchzart Grün, der derzeitigen Mode entsprechend. Ronald hätte noch gerne ein Bidet gehabt, aber der Platz reichte nicht, und alles umreißen, das wollte man nun doch nicht.

Ulrike arbeitete in der städtischen Molkerei im Schichtdienst, Ronald war noch immer in seinem Lehrbetrieb beschäftigt. Sie waren so wild aufeinander im ersten Jahr, dass sie gar nicht merkten, wie Henny versteckte Andeutungen bezüglich eines möglichen Nachwuchses machte. Wenn Ulrike Spätdienst hatte, hörte Ronald Musik, manchmal las er auch ein Buch. Nach zwei Jahren war die Ehe eine eingespielte Ehe, aber noch kein Nachwuchs in Sicht.

Es war in der Zeit, als der Vater zur Kur weilte, dass Henny ihren Schwiegersohn bat, ihr beim Wäscheabnehmen auf dem Trockenboden behilflich zu sein. Außerdem habe sie noch ein paar Fragen, die könnten sie ja dann besprechen. Ronald folgte ihr bis nach oben, fragte sich aber gleichzeitig, warum sie auf dem Boden Fragen stellen wollte, wo sie dies doch jederzeit auch in der Wohnung hätte tun können.

Unter dem Dach war es leicht schummrig. Außer ein paar Hemden und etwas Unterwäsche hing nichts auf der Leine, und alles hatte Henny im Nu abgestreift und in einen Wäschekorb gelegt. Sie berührte Ronald am Oberarm und wies auf zwei übereinander gelegte Matratzen, die links von der Dachluke unter der Schräge gestapelt lagen. Sie waren ausgewechselt und nach oben geschafft worden.

„Setzen wir uns", sagte sie.

Plötzlich saß Ronald neben seiner Schwiegermutter, und sie sah ihn an.

„Wollt ihr Kinder?", fragte sie.

„Ja, sicher", erwiderte Ronald. „Aber bisher klappt es noch nicht."

„Liegt es an dir oder an Ulrike?"

„Das wissen wir nicht. Das heißt, wir haben uns noch gar nicht die Frage gestellt."

„Solltet ihr aber."

„Ja, ja, wenn du meinst", sagte Ronald.

Eine kleine Weile verging, in der Henny leicht Ronalds Unterarm beklopfte.

„Hattest du Mumps?, fragte Henny. „Und dabei noch eine Entzündung der ... na du weißt schon, was ein Mann da hat."

„Mumps?"

„Als Kind Mumps, und gleichzeitig eine Hodenentzündung."

Ronald schüttelte den Kopf.

„Mumps? Nee. Nicht dass ich wüsste. Und was ist, wenn man das gleichzeitig hat?"

„Dann ist man zeugungsunfähig, steril gewissermaßen."

„Oho, so meinst du das", sagte Ronald. „Von Mumps ist bei uns nie die Rede gewesen."

„Glaube ich dir“, sagte Henny.

Sie hatte einen Unterton in der Stimme, der ihm sofort auffiel. Und als die Sonne hinter einer Wolke verschwand, gab die Dachluke nur noch vermindertes Licht, das schwach und fahl über die Balken tastete. Er fühlte, wie sie dicht neben ihm war, und dann berührte sie ihn. Ihre Lippen und ihr Atem kamen näher, und er machte noch einen schwachen Versuch.

„Aber du hast doch Herbert, Henny.“

„Herbert?“, sagte sie. „Der hat’s doch mit der Prostata. Bei dem geht nichts mehr.“

Beide waren sie kundig, und beide taten sie das, was man tut, wenn man sich einig ist und der Teufel einen reitet. Sie waren nicht im Heu, sondern auf dem Dachboden, und ihr Atem ging keuchend und stoßweise, und Henny genoss die Mitarbeit bei diesem Mann, der, sie fühlte es, ein ganzer Kerl war. Sie lag bei ihm, und die Matratzen schnarrten, und er sagte „noch mal“, und es war ihr ganz recht, dies Procedere der Liebe.

Sobald es sich irgendwie machen ließ, trafen sich Henny und Ronald auf dem Dachboden. Es genügte dazu der Schichtdienst von Ulrike oder ein Gartenplausch von Herbert. Sie hatten besprochen, vom Wetter zu reden, wenn es hinaufgehen sollte. Weder Ulrike noch Herbert fiel diese Wettermanie auf, und draußen, das war vor der Haustür, da wo die Leute sich trafen und nichts wissen konnten.

Im darauffolgenden Frühjahr war Bewegung auf dem Arbeitsmarkt, denn man forderte mehr Lohn und verbesserte Arbeitsbedingungen. Für Ulrike bedeutete dies, dass ihre Interessenvertretung mit Streik drohte, der dann auch eintrat. Sie stand drei Stunden mit einem Schild vor dem Firmentor und wurde danach von nachrückenden Kollegen abgelöst.

Vier Stunden früher als gewöhnlich kam sie nach Hause, und das Haus war leer. Vom Vater Herbert wusste sie, dass der an einer Brauereibesichtigung teilnahm, irgendwo im Siegerland, aber ihr Mann und Henny? Sie brühte sich einen schwarzen Tee auf, und irgendwie wurde sie das Gefühl nicht los, dass sie nicht allein im Hause war. Die Hausschuhe ihres Mannes waren fort, aber seine Schuhe standen auf dem Platz, wo sie immer waren wenn er sich im Hause aufhielt. War das vielleicht doch ein Ton über ihr?

Sie lauschte, und siedend heiß schoss ihr das Blut in die Augen. Sie glaubte es nicht, und sie wollte es nicht glauben, und ihre Füße führten sie automatisch die Stiege zum Dachboden hinauf, wo, je höher sie kam, leises Flüstern zu hören war. Sie schob die angelehnte Tür etwas weiter auf, und ihr ganzer Arm zitterte. Ohne ein Wort zu sagen blieb sie starr in der Tür stehen. Minutenlang.

Henny bewegte leicht und wie im Rausch ihren Kopf, und dann, als ihr Blick die Bodentür traf, zuckte sie vor Schreck zusammen.

„Ulrike“, schrie sie auf.

Ronald bewegte brummend seinen Kopf, und als er seine Frau im Türrahmen erkannte, floss wie von selbst die Anspannung aus ihm heraus und verflog ins Nichts.

„Du?“, sagte er fassungslos.

Ulrike stürzte weinend nach unten, und als einige Minuten vergangen waren, erschienen Henny und Ronald. Betreten blieben sie noch an der Tür stehen.

„Es ist nicht so, wie du meinst“, versuchte Henny ein Gespräch anzufangen.

Mit verweinten Augen schluchzte Ulrike: „Es ist nicht so wie du meinst? Oh ihr Lügner! Wie schäme ich mich. Meine eigene Mutter mit meinem eigenen Mann. Oh, ihr verdammten Lügner!“

Was nun in den nächsten Tagen folgte, war ein harter Strauß von Wahrheiten, die man sich gegenseitig an den Kopf warf. Ronald musste das Haus verlassen, Ulrike verließ es freiwillig. Natürlich folgte die obligatorische Scheidung. Alles zuckte mit den Schultern, denn mittlerweile war der Grund für die Zerrüttung bekannt. Herbert, als alleiniger Schuldloser, behielt seine alten Freunde, und Henny verließ kaum noch das Haus.

Von Ronald war so weit nichts bekannt. Er hatte den Ort verlassen und war nach dorthin untergetaucht, wo ihn niemand kannte. Rheinschiene, vermutete man, oder eventuell Kaiserstuhl.

Ulrike lernte einen neuen Partner kennen, mit dem sie bald darauf auch ein gemeinsames Kind hatte, das seine Großmutter nie kennenlernte und nur einmal den Großvater.

Ronald, so war zu vermuten, hatte wohl doch Mumps gehabt. Man hatte ihm das einfach verschwiegen.

KORN UND BIER

Der Mann und die Frau kamen in die Kneipe. Sie hatten ein Kind dabei, einen Jungen von etwa acht Jahren, und sie setzten sich an den Tisch neben dem Eingang. Der Wirt kam lächelnd herangeschlurft.

„Wie immer?“

Der Mann schaute auf. Er war groß, überschlank, aber mit einem dümmlichen Gesichtsausdruck. Er blickte den Wirt kaum an und seine Augen flatterten. Der Mann war mehr als nachlässig rasiert, trug eine abgetragene Hose und ein stark verwaschenes, ausgebleichtes Hemd mit langem Arm. Es war Sommer.

„Jo“, kam die krächzende, undeutliche Antwort.

„Und zwei Kurze.“

„Wacholder oder Korn?“

„Korn, nicht?“, sagte der Mann und schaute dabei die Frau an.

Die nickte mit ihrem etwas eigenartig geratenen Kopf, der den Anschein erweckte, als sei bei ihm nicht alles an der richtigen Stelle. Obwohl sie nicht schielte, hatte man den Eindruck, sie würde es tun. Die Haare waren da, wo Haare auf dem Kopf sein müssen, aber es sah wie ein Wirbelsturm mit Filz aus. Sie rauchte ununterbrochen, der Mann nicht ganz so viel.

„Ich trinke nur Korn“, fuhr die Frau den Mann an. „Das weißt du doch.“

„Ist ja gut“, beeilte er sich zu sagen und starrte auf die Tischplatte.

„Mensch, was bist du doch für ein Dämel“, zischte sie zu ihm hinüber.

Er schwieg.

Nach einer Weile brachte der Wirt die Getränke, für den Jungen eine Cola. Sie rauchten und tranken und starrten auf die Straße, wo gelegentlich ein Auto vorbeifuhr.

Der Junge trank seine Cola mit einem Strohhalm und schurbelte unruhig auf dem Stuhl hin und her. Er sagte nichts.

Sie hatten zwei weitere Biere getrunken, da sagte der Mann zu ihr: „Hat er seine Schularbeiten gemacht?"

Die Frau schnippte die Asche von ihrer Zigarette im Ascher ab und grollte: „Weiß ich doch nicht." Und zum Jungen: „Hast du die Schularbeiten gemacht?"

„Nö", antwortete der Junge interesselos und so, als ginge ihn das gar nichts an.

„Hat er nicht. Hörst du ja."

Der Mann richtete sich ein wenig auf. Seine Augen wurden wacher und größer.

„Das geht aber nicht", entgegnete er. „Ich finde, darauf müsstest du aber achten."

„Worauf soll ich denn noch achten?", fuhr es über ihre Lippen. „Ich habe die Wohnung, den Einkauf, das Treppenhaus. Der Herr geht zur Arbeit und ich kann alles alleine machen. Typisch Mann."

„So viel ist das ja nun auch wieder nicht."

„Nicht viel?" Ihre Stirnadern schwollen an. „Mach du erst man alles, was ich so den ganzen Tag tun muss. Hast du jemals deine Hemden gewaschen?"

„Ich trage sie vierzehn Tage."

„Und wenn schon. Sie müssen aber gewaschen werden."

Der Junge quengelte und gurgelte mit dem Strohhalm.

„Jedenfalls muss ich den ganzen Tag arbeiten", sagte der Mann. „Acht Stunden, und keine freie Minute."

„Na und?!" Die Frau lachte. „Wenn du mehr verdienen würdest, könnten wir uns auch mehr erlauben. Aber: nichts gelernt, Hilfsarbeiter, den ganzen Tag den Hof fegen in der Möbelbude. Ein Traumberuf, muss ich schon sagen."

„Ich bin mir für keine Arbeit zu schaden."

„Du würdest auch Latrinen putzen, ich weiß", meinte höhnisch die Frau. „Dabei hattest du so ein schlechtes

Zeugnis, dass dich keine Firma als Lehrling haben wollte."

„Ja, ja, ja." Er winkte mit der Hand ab. „Kann ich etwas dafür, dass ich so einen schlechten Lehrer hatte?"

Die Frau ließ einen kurzen Knall über ihre Lippen hören, und der Junge hatte Hunger.

„Bestellt ihr Gyros?", fragte der Junge.

„Jau", antwortete der Mann. „Kannst von mir was abhaben."

„Von mir auch", sagte die Frau, und zum Wirt: „Macht ihr uns zwei Gyros fertig?" Und indem sie mit der rechten Hand auf die leeren Gläser wies: „Und noch einmal das Gleiche."

Der Wirt nahm lächelnd die Bestellung entgegen und begrüßte weitere eintreffende Gäste.

Im hinteren Teil des Lokals hatte sich eine Skatrunde niedergelassen. Bei heruntergezogener Lampe saßen Schröder, Kronshage und Rampert. Schröder hatte seinen kleinen Hund, einen Jack Russell, mitgebracht, dem man einen Napf mit Wasser unter den Tisch gestellt hatte. Der Hund hatte getrunken und rührte sich seitdem nicht mehr von der Stelle. Er hatte die Schnauze auf die Vorderpfoten gelegt und schlief ein. Kam ein lauteres Geräusch oder knallte einer der drei vor Freude eine Karte auf den Tisch. so öffnete er schläfrig erst das eine und dann das andere Auge.

„Hat sich der Bengel zum Schlafen schon unter den Tisch gelegt?", fragte Schröder in die Runde.

„Nein", antwortete Kronshage. „Sie essen noch Gyros."

„Dann bestimmt gleich", sagte Schröder. Er drückte und spielte Null Ouvert.

Das Spiel ging durch und Rampert mischte.

„Es müsste verboten werden, ein Kind jeden Abend

in die Kneipe mitzunehmen“, stellte Rampert fest. „Vater und Mutter gehörten bestraft.“

„Da fühlt sich keiner zuständig“, entgegnete Schröder. „Außerdem ist Goofy nicht der Vater. Sie hat den Bengel schon in die Ehe mitgebracht.“

„Trotzdem“, meinte Rampert. „Wieso nennst du ihn Goofy?“

„Schon in der Schule hat man ihn so genannt“, antwortete Schröder. „Goofy ist der größte Dummkopf, der mir je untergekommen ist. Wie der an Frau und Kind kam, ist mir sowieso schleierhaft. Soviel ich weiß, hatte Goofy nie eine Freundin.“

Kronshage lachte.

„Da hat sich schon so mancher gewundert, wie er plötzlich an eine Frau geraten ist.“

„Du musst es ja wissen“, sagte Schröder, ebenfalls lachend.

„Und ob“, stellte Kronshage fest. „Wenn ich daran denke, was wir früher für Ringkämpfe aufführen mussten. Heute, wo's die Pille gibt, legen sich die Mädchen wie die Maikäfer gleich auf den Rücken.“

Mittlerweile hatte sich der Junge unter den Tisch gelegt und war eingeschlafen. Der Mann und die Frau hatten halbvolle Gläser, bestellten aber sofort wieder, wenn die Daumenbreite erreicht war.

„Bei den schönen Dingen waren wir nie dabei, Franz“, sagte Schröder schmunzelnd. „Wir sind die Generation der verpassten Gelegenheiten.“

„Spielen wir jetzt Skat oder machen wir in Lebensphilosophie?“, fragte Rampert leicht verärgert.

„Wer muss denn geben?“, wollte Kronshage wissen.

„Immer der wo fragt“, erwiderte Rampert.

„Na schön“, sagte Kronshage.

Sie spielten weitere Runden um den sogenannten Bierlachs, wobei, wenn man Durst hatte, das Limit von Fünfhundert auf Dreihundert gesenkt werden musste. Drüben am Tisch neben dem Eingang sprachen der Mann und die

Frau abgehackte, unvollständige Sätze. Manchmal wurde einer auch wütend und dementsprechend laut. Die Frau war eine rauchende Nebelbombe.

Eine frische Runde Bier war bei den Skatspielern eingetroffen, und sie tranken mit Schaum auf den Lippen.

„Neulich traf ich den Kollegen Wittler auf dem Hundeplatz“, sagte Schröder. „Wir haben uns die Ausbildung von Schutzhunden angesehen.“

„Wer ist Wittler?“, fragte Rampert.

„Wittler arbeitet in der gleichen Ankerwickel-Fabrik wie ich“, erwiderte Schröder. „Er in der Produktion und ich im Büro.“

„Ach so.“

„Wittler wohnt im gleichen Block wie Goofy. Die in der Ersten, er darunter.“

„Kennt Wittler die beiden also ganz genau?“

„Und ob.“ Schröder strich sich den Schaum von den Lippen. „Goofy verdient so wenig, dass die auf keinen Fall jeden Abend in der Kneipe herumhocken und sich volllaufen lassen können. Den Jungen haben sie dabei, damit er ihnen den Weg zeigt, wenn sie nicht alleine nach Hause finden.“

„Perfide“, sagte Rampert.

„Und womit bezahlen sie den Wirt?“, wollte Kronshage wissen. „Lassen sie anschreiben? Machen sie Schulden?“

„Keineswegs“, antwortete Schröder genüsslich. „Sie verdient das Zubrot. Sie schafft an.“

„Wie bitte?“ Rampert war bestürzt.

„Lass hören“, sagte Kronshage. „Was spielt die Musik?“

Schröder strich sich die Nase und den Schnäuzer.

„Wittler hat mir erzählt“, sagte Schröder, „dass sie zu ihm nach unten kommt und zwanzig Mark nimmt.“

„Du willst uns hier wohl einen aufbinden?“, meinte Rampert.

„Du kannst es glauben oder auch bleiben lassen“, entgegnete Schröder gelassen.

„Wie geht es weiter?“, wollte Kronshage wissen. „Sag schon.“

„Eigentlich ist das schon alles“, antwortete Schröder. „Außer – Rampert, hör mal nicht hin – sie kommt immer, bevor es in die Kneipe geht. Wittler hat mir erzählt, so was Regelmäßiges hätte er sich nie träumen lassen.“

„Kann ich mir denken“, sagte Kronshage. „Und Wittler, der ist nicht verheiratet?“

„Iwo“, meinte Schröder. „Und zwanzig Mark, sagt er, hat er schließlich immer. Das ist billiger als eine eigene Frau.“

„Widerlich“, befand Rampert.

Am Tisch neben dem Eingang rüstete man langsam zum Aufbruch. Der Mann trank den letzten Schluck Bier und die Frau weckte den Jungen unter dem Tisch und bezahlte die Zeche.

„Einen schönen Abend noch“, rief der Wirt hinter ihnen her, als sie die Tür nach draußen öffneten.

„Jo, jo, jo“, näselte undeutlich der lange dürre Mann. Die Frau ging voran und hatte das Kind an der Hand gefasst. Nicht nur, dass es elf Uhr abends war, die Nacht war rabendunkel und wurde nur schwach von einer weißlichen Straßenlaterne erhellt. Die Frau ging stockend voran, und er folgte knieweich, mit leichten Schwankungen nach rechts und links. Langsam, wie in Zeitlupe, traten die drei aus dem Lichtkegel in das Nichts, in die verschluckende Schwärze.

Die Straße lag still da, als würde jetzt alles schlafen.

„Achtzehn“, sagte Kronshage.

Das Schiff war weiß und glitt über den See. Man hörte tief unten im Rumpf die Motoren arbeiten, und wenn man ganz ruhig blieb und die Augen schloss, spürte man ein leichtes Beben unter den Fußsohlen. Die Wellen am Bug schäumten mit schwachen Spritzern an der Bootswand entlang, und hinten gurgelte die Schiffschraube durch das türkisfarbene Wasser. Sprühende Sterne erglühten in der Sonne und verschwanden mit jedem Meter, den das Schiff hinter sich ließ.

Auf beiden Seiten konnte man die Ufer erkennen und die kleinen Orte, und dann begannen schon die Berge und dahinter wieder Berge, so weit man blickte. Einige von ihnen hatten noch immer den weißen Schnee der Unnahbarkeit übergestülpt, und das, obwohl der Hochsommer in vollster Reife stand. Vor dem Schiff lag der Zielort, den man erkennen konnte, da der See hier endete und nur ein schmaler, unbefahrbarer Durchfluss zum nächsten See bestand.

Zwei Männer hatten die Oberkörper über die Reling gebeugt und sahen ins Wasser und zum Ufer hinüber. Sie trugen beide robuste Kleidung und solides Schuhwerk. Der, der sich Karl nannte, hatte eine Sonnenbrille nach amerikanischem Vorbild aufgesetzt.

„Franz“, sagte Karl, „du weißt, wo du dein Auto in Interlaken geparkt hast? Wir müssten dann gleich losfahren, um noch nach oben zu kommen.“

Franz winkte ab. Er lachte.

„Direkt neben dem Casino. Können wir überhaupt nicht verfehlen. Und so wie wir zu Fuß sind, müssten wir alles schaffen.“

Sie fanden den Wagen am Straßenrand geparkt, ein olivfarbener Vauxhall älterer Bauart. Beide stiegen ein und Franz startete. Der Wagen bockte ein wenig, als es losging, aber kaum waren sie aus der Stadt heraus, schnurrte der Motor gleichmäßig seine Melodie.

Die schmale Straße folgte in engen Windungen einem Flusslauf, der mit größeren und kleineren Steinbrocken übersät war. Das Wasser wirbelte um die Steine herum, und es war Grau. Neben dem Wasser lag ein schmaler Wiesenstreifen, und dann begannen die Bäume schon da, wo sie endeten. Auf die Straße und in das Tal fiel kaum ein Sonnenstrahl.

Sie erreichten den Ort, und da sie beide vor Jahren mit ihren Frauen bis ganz nach oben mit der Bergbahn zum Gletscher und aufs Joch gefahren waren, kannten sie den Parkplatz und stellten den Vauxhall dort ab. Außer zu trinken nahmen sie nichts mit, das sollte auf der Mittelstation erledigt werden.

Der Weg stieg ständig und die Sonne brannte. Sie sahen hinauf und hinüber, und vor ihnen auf der rechten Seite bewegten sich die Gondeln des Sesselliftes zum Männlichen hinauf. Nichts schwankte, der Boden war fest und gut und trocken. Links begann jetzt die steile Nordwand, und sie gingen und stiegen und die Nordwand war immer da. Unmittelbar neben dem Geröllabgang, der am Wandeinstieg begann, führte der Weg zur Mittelstation. Fast die gesamte Strecke war ein Nordwand-Anstieg.

Die braunen Kühe grasten und kamen gelaufen, wenn man ein Gattertor öffnete, und manche kamen so gefährlich nah heran, dass man den Fleischkoloss fast für eine Bedrohung hielt. Doch eine Angriffsfinte verscheuchte sie, und wie sie da standen und glotzten, hätte man beinahe mit ihnen sprechen mögen.

Franz versuchte es.

„He, du blöde Kuh! Was glotzt du so?“

Die Kuh schlug sich mit dem Schwanz die Fliegen vom Bauch.

Beide Bergwanderer schwitzten, je höher sie kamen, und als sie eine Mulde erreichten, in der noch fester, pappiger Schnee lag, nahmen sie ihre Trinkflaschen und ließen das Nass ihre Kehlen hinunterrinnen. Unter dem Schnee hatte ein Bergbach sein Bett gegraben und sprudelte leise talwärts.

Bald darauf, hinter dem nächsten Bergrücken, konnten sie die Mittelstation sehen, und links davon lag der Gletscher mit seiner Zunge und der davor angelegten Bergbahn, die unmittelbar danach in die Nordwand einfuhr. Die Mittelstation wurde noch von einem anderen Tal aus angefahren.

Karl und Franz schritten über die Geleise. Sie gingen auf das große Gebäude zu und lasen den Namen von der Hauswand ab: Kleine Scheidegg.

Fernrohre waren aufgestellt, und man sah das Lauberhorn und hatte den Blick ins Tal und die wunderbare Sicht ins Oberland.

Überwältigend fanden es die Bergwanderer später, jetzt schritten sie auf das Hotel zu, denn sie wollten sitzen und etwas zu sich nehmen. Das Hotel hatte ein angeschlossenes Restaurant mit aufgestellter flatternder Fahne: Rot und ein weißes Kreuz darin.

Auf der Terrasse fanden sie noch einen Platz, und die Serviertochter nahm die Bestellung entgegen. Sie war etwas übergewichtig, aber mit einem freundlichen, gewinnenden Lächeln.

Eine ganze Weile verging, in der sie die Bergbahnen ankommen und wieder abfahren sahen, und Menschen strömten mit Kameras und Kappen und Sonnenbrillen wie in einem Hühnerhaufen in alle Richtungen. Ausländer waren dabei, sie waren ja auch Ausländer, aber doch nicht so ausländisch wie Asiaten oder Farbige. Indische Ranis trugen den Stirndiamanten.

„Ich möchte mit dir über etwas reden“, sagte Karl plötzlich.

„So?“ Franz tat gelangweilt. „Über etwas Bestimmtes?“

„Über mich und Erika“, sagte Karl. „Wir werden uns trennen.“

„Tatsache?“

„Sie hat, wenn ich zurückkomme, das Haus bereits verlassen.“

„Das Hotel.“

„Ja.“

„So schnell?“

„Gar nicht schnell. Wir hatten uns nichts mehr zu sagen. Und was deine nächste Frage betrifft: Es gibt keine andere Frau und keinen anderen Mann.“

„Bist du dir da ganz sicher?“ Franz hob die Augenbrauen.

„Was mich betrifft ja. Und Erika kann ich mir nicht vorstellen. Sie hat kein übertriebenes Verlangen.“

„Aber so alt ist sie doch nun auch wieder nicht.“

„Franz, du verstehst das nicht“, sagte Karl. „Frauen in der heutigen Zeit sind nicht mehr wie unsere Mütter. Man will nicht mehr kochen, keinen Haushalt führen und keine Kinder haben. Man will Karriere im Beruf machen, sich selbst verwirklichen und unabhängig sein. Wenn Frauen heutzutage durch Kinder davon abgehalten werden, werden sie depressiv. Oder eine Großmutter übernimmt den Part der Erziehung. Nicht nur dass der Computer in unser Leben eingezogen ist, der biologische Prozess wird auch auf den Kopf gestellt.“

„Ist das der Grund, warum ihr keine Kinder habt?“, fragte Franz. „Ich hatte dich das ja nie gefragt.“

„Zwei Abtreibungen hat Erika schon hinter sich“, sagte Karl. „Es langt mir jetzt. Es ist bald billiger, in ein Bordell zu gehen, als sich eine kostspielige Ehefrau zu leisten. Eine Ehefrau macht immer Probleme, und je besser sie aussieht, umso größer sind die Probleme.“

„Da magst du Recht haben. Aber ist das nicht gerade der Reiz zwischen Mann und Frau?“

„Sprichst du jetzt auf der Ebene des freien Weltmarktes zu mir?“, fragte Karl. „Da wo wir noch Ganter waren und jedem Rock hinterherschauten?“

„War eine schöne Zeit“, sagte Franz.

„Pfeif auf die Zeit", sagte Karl. „Ich möchte meine Ruhe. Wenn alles geregelt ist, nehme ich meinen Abschied und gehe zum Angeln auf die Lofoten."

„Alles hinschmeißen?"

„Ich habe schon alles hingeschmissen."

Die Serviertochter schaute zu ihnen hinüber. Sie sah, dass die Gläser der Männer geleert waren und trat an den Tisch. Ihr Busen war sehr üppig.

„Sind die Herren bedient?"

„Was?" Karl schreckte leicht auf. „Ach so, ja. Nein. Bringen Sie uns bitte noch zwei Spezi."

„Gern."

Die Sonne neigte sich dem Westen zu. Karl und Franz zahlten, standen auf und streiften sich die kleinen Rücksäcke über. Sie verließen die Terrasse und machten sich an den Abstieg. Noch immer kamen ihnen Leute entgegen die nach oben wollten. Zurück würden sie nicht mit dem Schiff über den See fahren. Sie würden mit dem Vauxhall außen herum fahren, sozusagen die Sichel des Sees andeuten. Und wenn sie das Hotel erreichten, war Erika längst fort, bestimmt schon über den Brünig hinaus.

KIND IM REGEN

Es hatte geregnet. Sie trat an das Fenster und schaute in den bescheuerten Nachmittag. Auf der Straße glänzte der Asphalt vom vielen Wasser und in den leichten Dellen des Gehweges hatten sich Lachen gebildet. Ein kleiner Junge sprang in die Pfützen, patschte darin herum, um dann das Spiel erneut zu beginnen. Ellen lächelte unwillkürlich, weil sie das an ihre eigene Kindheit erinnerte.

„Schau mal, Werner", sprach sie in den Rückraum des Hotelzimmers. „Ein kleiner Junge springt immer in die Pfützen. Es sieht allerliebst aus."

„Was?", brummte Werner vom Bett aus und schaute kurz über das Buch auf seinem Bauch. „Was hast du gesagt?"

„Ein kleiner Junge springt immer in die Pfützen."

„Ach so", nickte Werner verstehend. „Aber das haben kleine Kinder doch immer so an sich. Immer nach dem Regen."

„Ja schon", erwiderte Ellen. „Ich weiß. Aber dieser kleine schwarzhaarige Junge macht so einen süßen Eindruck. Und das direkt vor dem Haupteingang."

Werner wusste, wie sehr sie in Kinder vernarrt war, so sehr vernarrt, dass sie schon alles Mögliche angestellt hatten. Aber es klappte nicht.

„Was hat der Junge überhaupt vor dem Haupteingang zu suchen?", brummte er.

Sie gab ihm keine Antwort. Vielmehr dachte sie an ihren Arzt, der ihr zu einer Luftveränderung geraten hatte. Keine bestimmte, nur irgendwohin. So eine Luftveränderung, hatte er gesagt, wirke manchmal wie ein Wunder auf das biologische Gleichgewicht. Und so waren sie in Madrid gelandet, weniger der guten Luft wegen, das Gegenteil war eher der Fall, als der Geschichte und Kultur zuliebe. Prado, Thyssen-Bornemisza, Retiro hatten sie bereits hinter sich. Aber nun regnete es in immer neuen Schüben, so dass die Gehwegplatten dampften.

Der kleine Junge hatte die Straße verlassen und war in das Haus gegangen. Sie hatte hinter ihm hergeschaut mit ihren schönen blauen Augen und den brünetten Haaren. Ellen hatte ihren schlanken Körper vorgebeugt, so dass sich der Po und die Brüste straff abzeichneten. Der Junge sprang mehr, als dass er ging, und Werner waren die Augen ein wenig zugefallen.

Als sie später zur Tischzeit Platz genommen hatten, fragte sie die Bedienung.

„Herr Ober?"

„Sí, Señora." Die dunklen Haare und der schwarze Oberlippenbart glänzten. „Sie wünschen?"

Ellen senkte ihre Stimme.

„Herr Ober", sagte sie. „Ich habe da eine Frage. Vor dem Hotel springt ein kleiner Junge herum. Gehört der hierher, zum Personal oder so?"

„Ich nicht ganz verstehen", erwiderte der Ober. „Kleiner Junge springt?"

„Ja. Hier. Vor dem Hotel."

Ellen wurde eindringlicher.

„Ich weiße nicht", antwortete der Ober. „Kann sein, dass Sie meinen Junge von Empfangschef. Er isse seine Großvater."

„Der Empfangschef ist sein Großvater?"

„Wenn Sie meinen Maximiliano, dann ja."

„Und warum ist das Kind hier? Im Hotel? Stört es da nicht?"

„Ich weiße nicht", sagte der Ober. „Müssen Sie fragen Empfangschef. Haben Sie sonst noch einen Wunsch?"

Werner schaltete umgehend von der Befragung in die Bestellung. „Ja, zwei Rioja bitte. Ist es dir recht, Ellen?"

„Wie? Ja, ja. Du machst das schon."

„Zwei Rioja, por favor."

„Sí, Señor."

Sie aß ihre Mahlzeit, ohne überhaupt zu wissen, was sie an ihre Lippen führte. Mechanisch zerkleinerte sie auf dem Teller Fleisch, Gemüse, Kartoffeln. Ständig musste sie an diesen kleinen Bengel denken, den sie weder kannte noch wusste, ob er liebenswürdig oder eine Nervensäge war, zumal Kinder ihrem Wunsch nach nur süß und geliebt sein wollten. Es gab keine bösen Kinder, es war alles nur falsch angewandte Liebe.

Plötzlich richtete sie sich auf.

„Was meinst du, Werner?“, sagte sie. „Sollen wir für den Jungen hier um die Ecke ein Eis kaufen?“

Erschreckt blieb ihm der Mund offen stehen.

„Hältst du das für eine gute Idee?“, fragte er nach einiger Zeit. „Das könnte vielleicht falsch aufgefasst werden. Wir sind hier in Madrid.“

„Eine weltoffene Stadt, wie immer gesagt wird.“

„Ja, sicher. Aber Familienangelegenheiten haben in Spanien einen ganz anderen Wert. Man trifft sich selten zu Hause, immer nur außerhalb.“

„Ich werde ihn fragen.“

„Wen?“

„Na, den Großvater.“

Werner zuckte mit der Schulter. Er wollte ihr nicht widersprechen und sagte zum Ober, der das Geschirr einsammelte: „La comida estaba excelente.“

„Muchas gracias, Señor“, erwiderte der Kellner. „Ich werde es dem Koch bestellen.“

Der Empfangschef war ein weißhaariger älterer Herr mit einem gepflegten grauen Bärtchen. Er war umgänglich, verbindlich, aber worauf sie hinauswollten, das verstand er nicht sogleich. Er sagte ihnen, dass er für ein oder zwei Tage auf den Jungen aufpassen müsse, da seine Schwiegertochter, eine gebürtige Deutsche übrigens, sich einer medizinischen Untersuchung unterziehen müsse. Der Vater, sein Sohn, sei Handelsvertreter und zur Zeit in Andalusien unterwegs. Eine chica hatten sie kurzfristig nicht bekommen können.

Maximiliano lachte, als der Großvater ihn aus einem Raum hinter der Recepción holte und ihm sagte, dass die Gäste für ihn ein Eis kaufen wollten.

„Möchtest du helado?“, fragte Werner, der seinen Reiseführer kontaktiert hatte.

Der Junge war kein bisschen schüchtern, vielmehr lachte die ganze Welt aus seinen Augen und dem Mund.

„Alemán, gute Tourist“, sagte er.

Der Großvater schmunzelte, als er die Worte seines Enkels hörte, und entschuldigend meinte er: „Die Mutter spricht mit ihm Deutsch. Aber natürlich kann er das nur unzureichend. Wie lange werden Sie wohl mit ihm fortbleiben?“

Werner schaute auf die Uhr.

„Höchstens eine Stunde“, erwiderte Ellen stattdessen. „Wir gehen bis zur Gran Vía und wieder zurück.“

„Ja, es ist recht“, sagte der Großvater.

Sie hatten nur ein paar Schritte, bis sie die belebte Einkaufsstraße erreichten, und als sie eine Eisdiele sahen, nahmen sie Platz und bestellten für den Jungen einen großen Eisbecher mit Schlagsahne. Das Kind glühte vor Freude aus den Augen und wiederholte mehrmals im Brustton der Überzeugung: „Alemán, gute Tourist.“

„Ist er nicht lieb?“, fragte Ellen ihren Mann. „Wenn wir doch auch nur ein Kind bekommen könnten.“

Er sagte nichts, sondern schaute auf die massiven Fassaden der großen Gebäude, die etwas vom morbiden Glanz der Nation erahnen ließen. Stuck, Figuren, Leuchtreklame sprangen in die Augen, begleitet von den roten Stadtbussen mit der oberen offenen Etage. Autos hupten, und sie lieferten den Jungen pünktlich beim Großvater ab.

Es war ein tiefes Loch, aus dem es anscheinend kein Entrinnen gab, denn was hatten sie nicht alles schon gemacht mit Prüfen und Proben und diesem ganzen Kram falscher Erkenntnisse. Und hier waren sie allein, ganz allein in einem fremden Land, das ihrem Kinderwunsch keine Hilfe sein konnte.

Aber trotzig versuchten sie es immer wieder, viele Male. Auch später zu Hause. Aber es klappte nicht.

Der kleine Junge war nicht mehr erschienen, und der Regen hatte aufgehört.

Der Mann sprach einen osteuropäischen Akzent. Er schob den Rollstuhl mit Leichtigkeit um den kleinen Teich, der neben der Musikhalle künstlich angelegt worden war. Rasenflächen umsäumten den Teich, auf dem sich Enten und ein schwarzes Schwanenpaar tummelten. Die Wege kreuz und quer durch die parkähnliche Anlage waren sauber, gut befestigt und trocken. Irgendwo da hinten stand ein Elch aus Bronze.

Der Mann war groß, schlank, stark, und absolut dunkelhaarig. Seine Lippen waren voll und rund, und das Gesicht mit den breiten Wangenknochen ebenso. Er hatte dicke, dunkle Augenbrauen und kräftige Hände. Nur mit zwei Fingern schob er den Rollstuhl, der sich mit sanftem Knirschen langsam vorwärts bewegte. Auf einmal blieb er stehen.

„Da, Hilde, sieh nur!“, sagte er. „Die Enten kämpfen.“

Zwei Enten waren um Futter aneinandergeraten und schlugen mit den Flügeln wild um sich. Nach einem kurzen heftigen Schlagabtausch gab eine der Enten auf und strich mit lautem Flügelklatschen über den Rasen davon. Die zurückgebliebene Ente schüttelte sich und ordnete das Gefieder, mehrmals, dann quakte sie.

Die Frau im Rollstuhl reagierte so gut wie überhaupt nicht. Ihr Kopf, ihr Gesicht, ihr Körper blieben bewegungslos. Lediglich ihre Augen rollten und ein Finger der rechten Hand, die auf einer Kunststoffdecke lag. Sie schaute gleichzeitig in zwei Richtungen, da, wo niemand war und dort, wo jemand hätte sein können. Aber schon fiel ihr Kopf zurück in den zusammengekauerten Körper.

Wenige Minuten später verließ der Mann mit seiner Patientin das Gelände durch den Rosengarten.

Die Firma Schöneberger machte in Metallveredelung. Sie tat das profitabel, preislich unangefochten und mit einem soliden Kundenstamm. Ihr ehemaliger Besitzer, ein Grandseigneur der alten Schule, war noch auf dem Land tätig gewesen, doch nach seinem Tod und der Übergabe an Helmut und Hilde Schöneberger war man vom Dorf in die Stadt übergesiedelt. Der Vorteil lag auf der Hand, die Anbindung war besser und das Provinzhafte der Urbanität gewichen.

Helmut und Hilde waren noch blutjung, er zweiundzwanzig und sie achtzehn. Kurz vor dem Tod des Chefs, bei dem Helmut auf dem Büro gearbeitet hatte, waren sie vor den Traualtar getreten. Hilde hatte nicht in der Firma gearbeitet, aber ihre Mutter, die als Sekretärin wie ein zweiter Chef alle Fäden in der Hand hielt. Der Chef ließ sie schalten und walten und verließ das Firmengelände in Richtung Golfplatz, wo er mit dem wechselnden Handicap von zehn bis fünfzehn abschlug.

Inhaber laut Vertrag waren sie beide, sie und er, eine Version, die zu Spekulationen hätte Anlass geben können. Doch den Weg vom Dorf in die Stadt waren nur wenige mitgegangen, die Mutter blieb zurück, die Beschäftigten gaben auf, nur der Meister blieb und sagte, er sei ohnehin immer weit gefahren und nach da oder dort sei gleich. Er war es, der die neue Belegschaft aufbaute.

Hinter anrüchiger Hand flüsterte man, aber so, dass niemand es hören konnte, vielleicht sei ja die Mutter die Freundin des Chefs gewesen. Oder, was noch besser war, konnte die Tochter das illegitime Kind des Chefs sein? Wieso war sie eigentlich Mitinhaberin? Das, geneigter Leser, ist nicht Gegenstand dieser Aufzeichnungen, und geklärt wurde es auch niemals.

Die Firma gedieh prächtig, oder besser, man verdiente sich dumm und dämlich. Innerhalb kürzester Zeit baute man ein Haus und ein neues Betriebsgebäude. Die Belegschaft verdoppelte sich schneller als man das Verbundpflaster in der Firmeneinfahrt gelegt hatte. Und nichts deutete darauf hin, dass der Umsatz sinken könnte. Zu verdanken war dies natürlich dem Chef, Helmut Schöneberger, der klug rechnete, auswählte und mit Umsicht die Geschicke lenkte. Helmut war ein mittelgroßer Mann mit Nickelbrille und einer sich lichtenden Stirn. Er liebte die leisen Töne und die richtigen Argumente. Nicht ein einziges Mal wurde er einem Mitarbeiter gegenüber laut.

Springlebendiger, spontaner, unberechenbarer dagegen war seine Frau, die sich völlig aus der Firmenpolitik heraushielt. Sie residierte zunächst in einer Mietwohnung, später im eigenen Haus, und da langer Schlaf die Schönheit heben soll, wurde eine willige Mitarbeiterin zur Hausarbeit überredet, das heißt von der Klosettbürste bis zum Frühstück war alles inklusive.

„Denken Sie daran, Frau Schachtner“, konnte Hilde sagen, „die Betten müssen frisch bezogen werden. Und vor allen Dingen das Bad ... na, Sie wissen schon.“

Hilde war eine nicht sehr große Frau. Sie war nicht dick, aber keineswegs schlank. Ihr Körper war wie eine gerade Linie, ohne Hüfte, lediglich das Gesäß wölbte sich ein wenig aus der Linie heraus. Die Beine waren stramm und die Füße klein, jedoch zur Körpergröße passend. Ihr hennarotes Haar trug sie glatt nach unten gekämmt. Schaute sie jemanden an, so konnte der sich nicht sicher sein, dass er überhaupt gemeint sei, denn Hilde schielte in zwei Richtungen. Es war wie bei einem Stotterer, der sich redlich bemüht, und trotzdem muss man den Blick senken.

Hilde glaubte, ihre Augen seien suggestiv, wenn jemand ihnen auswich. Wie alle Frauen glaubte sie, schön zu sein, kleine Mängel eingeschlossen.

Als ihr Sohn Rainer geboren wurde, kam der in Obhut, später zu einer Tagesmutter.

Während einer Betriebsfeier tanzte Hilde mit dem Mann einer Mitarbeiterin, der zum Abholen seiner Frau gekommen war. Es war ein normaler Tanz, Foxtrott, und sie drängte sich lasziv immer dichter an ihn heran. So sehr er sich bemühte, er hatte es schwer, sie in gebührender Distanz von sich zu halten.

„Die Musik ist gut, nicht?“, sagte Hilde.

„Na ja“, erwiderte er. „Man kann danach tanzen.“

„Finde ich auch.“

Sie schaute zu ihm hoch und pustete leicht.

„Heiß hier, nicht?“

„Es geht“, sagte er. „Vielleicht kommt beim nächsten Tanz etwas Langsameres.“

„Bloß nicht“, sagte Hilde. „Ich brauche schwungvolle Musik.“ Und ihn noch einmal mit ihren irritierenden Augen ansehend: „Wollen wir nach draußen gehen?“

„Wie?“

„Da zur Tür raus und ein bisschen in den Garten. Wollen wir?“

Er fühlte sich unbehaglich in seiner Rolle und schluckte krampfhaft, ohne dass sie es hörte.

„Nein, nein“, wehrte er ab. „So heiß ist es nun auch wieder nicht.“

„Angst, nicht?“, meinte sie. „Sie haben Angst, dass Ihre Frau was mitkriegt? Aber die merkt nichts. Glauben Sie mir.“

„Ich habe keine Angst vor meiner Frau“, sagte er. „Wie kommen Sie denn darauf?“

„Instinkt. Weiblicher Instinkt.“

Der Tanz war zu Ende. Er bedankte sich höflich bei ihr und forderte sie nicht ein zweites Mal auf. Hilde tanzte mit anderen Gästen und nur einmal mit ihrem eigenen Mann.

Mit der Zeit hatten sich die Schönebergers in dem Stadtteil, in dem sie wohnten, gut eingelebt. Helmut spendete für die lokalen Vereine, Fußball, Gesangverein, und er nahm auch mehrere Mitgliedschaften an. Hilde war, wie es sich mittlerweile herumgesprochen hatte, kein Kind von Traurigkeit. Frivol sei sie, wie es hieß, und ein bisschen überdreht.

Schlimm wurde es, als sie den Gesangverein aufmischte. Innerhalb kurzer Zeit waren so viele Männer mittleren Alters in so verdrehter Stimmung, dass nicht nur der Verein, sondern auch viele Ehen gefährdet waren. Sie erschien, spielte mit den Herren und mit dem einen oder anderen fuhr sie auch schon mal fort. Es krachte im Gebälk der Vereinsstatuten, die Männer erhielten Verbot, zu singen, und der Vorsitzende raufte sich die Haare. In einer außerordentlichen Sitzung hinter verschlossenen Türen wurden alle ausdrücklich ermahnt, den Umgang mit Hilde einzuschränken und an ihre Ehen zu denken. Hilde wurde gebeten, den Übungsabenden fernzubleiben. Um dem Nachdruck zu verleihen, wurde ihr Mann Helmut unterrichtet. Der lächelte säuerlich und zuckte die Schultern.

Ihr Ausflug in den Fußballverein jedoch misslang. Zunächst gut aufgenommen, weil ein generöser Geber immer willkommen ist, scheiterte sie letztlich an den festgefahrenen Strukturen einer erzkonservativen Clique, die überlappt, verwandt oder sonst irgendwie verbandelt war. Wütend wurde Hilde, wenn sie an dieses ganze Pack dachte. Und dabei hatte sie es so gut gemeint.

Auf die beiden irgendwie vereinstechnischen Pleiten folgte die Phase des Auslebens im großen Stil. Gut mit Geld ausgestattet, rauchte Hilde Stumpen, die sie an der Theke sitzend in gewaltigen Wolken ausstieß. Etwas Alkoholisches stand immer auf dem Seidel, und wenn es sie überkam, schmiss sie eine Lokalrunde nach der anderen. Die Kampftrinker fragten sich schon gegenseitig, ob wohl heute mit Hilde zu rechnen sei.

Es war Frühjahr, und der harte Kern guter Zecher babbelte wild durcheinander. Auf einmal knallte Hilde mit der Faust auf die Theke.

„Schluss jetzt", sagte sie gut vernehmlich. „Wir hauen ab."

„Wohin denn?", lachte und fragte einer grinsend.

„Wohin? In die Schrauben-Bar?"

„Nö", sagte einer aus der Runde.

„Ich bin schlecht zu Fuß", kam es von hinten.

Die Schrauben-Bar war vielleicht vierhundert Meter entfernt, mehr nicht.

„Schlappschwänze", sagte Hilde. „Ihr seid vielleicht ein paar faule Säcke. Aber ich mache euch einen Vorschlag. Wir bestellen ein Taxi."

„Ein Taxi reicht nicht. Da passen wir gar nicht alle rein."

„Dann eben zwei. Oder so viel wie wir brauchen."

Vier Taxen fuhren vor. Laut johlend stieg Hilde mit ihrer Schar ein und wechselte in die Schrauben-Bar, wo der Wirt dem Ansturm von Wünschen gar nicht so schnell gewachsen war. Der alte Wirt polierte seine Gläser in der leeren Gaststube. Er machte in Geduld. Seine Zeit kam ganz gewiss wieder.

Hilde führte nur noch eine Ehe auf dem Papier. Längst schon hatten Helmut und sie die Wohnung geteilt, Trennwände eingezogen und eine zweite Haustür an entgegengesetzter Seite des Hauses eingebaut. Die Geldquelle für Hilde versiegte nicht, da sie als Mitinhaberin am Gewinn beteiligt war. Sie strebten beide die Scheidung an, die auch kam, aber zu alten Konditionen, das heißt, Hilde ging das Geld nie aus.

Um sich in dieser Zeit schadlos zu halten, verfiel sie der Promiskuität. Sie war nie ein Kind von Traurigkeit gewesen, aber was sich da nun zusammenreihte, war ein bunter Spiegel von Charmeuren, Ehebrechern und geplagtem Hormonüberschuss. Während sie intensiv die Männer in ihre gestreuten Augenlider bannte, kamen der

Schauspieler, der Cellist, der Lastwagenfahrer. Sie, die nur quick erschienen, waren Bäcker, Typograph, Soldat, Einkäufer. Und einer dressierte Hunde, allerdings für die Jagd.

Wie und was dann mit Witek geschah, überraschte alle. Er war dunkel wie die Nacht und mindestens zehn Jahre jünger als sie. Witek hatte etwas Animalisches, Katzenhaftes an sich. Er bewegte seinen Körper geschmeidig wie in einem traumhaften Gel. Nichts in seinen Bewegungen war abgehackt, und sie verfiel ihm völlig. Plötzlich war es, als sei alles Vorherige nur eine Entwicklungsstufe gewesen, ein Tasten, eine Suche, eine Suche nach ihm, dem sie sich willig hingab. Sie heirateten, machten Reisen, es war ein hemmungsloser Rausch der Liebe.

Wenn sie abends in ihrem Wohnzimmer saßen, schwärmte Witek von seiner Heimat, die in Weite und Frieden jede menschliche Seele erfüllte. Es war ein stilles Glück, das die Natur ausstrahlte, nicht wie hier mit Hektik und Raffgier des einzelnen Menschen. Und wie selbstverständlich nahm er sie in Gedanken mit in das Land, wo der Himmel und die Erde eins zu sein schienen, ausschließlich gemacht für seine fleißigen, bescheidenen Bewohner. Schade, dass es ihn hierher verschlagen hatte. Er fühlte sich beinahe als Verräter seinen Leuten gegenüber. Und das alles nur des Geldes wegen, was er dort nicht verdienen konnte, denn es gab gar keine Arbeit, nur die Plackerei auf dem Acker, im Heu oder in den Kartoffeln.

Hilde gab dem Wunsch ihres Witek nach und besuchte mit ihm gemeinsam Galizien. Zunächst nur mäßig begeistert, fand sie Gefallen an der freundlichen, fast devoten Bevölkerung. Sie fühlte sich geschmeichelt, wenn alle sie anlächelten und willig mit dem Kopf nickten. Witek stellte sie jedem vor, der ihnen über den Weg lief, und als sie zum zweiten Mal den Ort besuchten, blieben sie einfach da und kauften für wenig Geld das Haus eines ukrainischen Händlers, der sein Geschäft aufgegeben hatte.

In der alten Heimat staunte man nicht schlecht. Aber Hilde war für Extravaganzen schon immer anfällig gewesen, und so nahm man es gelassener als bei irgendeiner anderen Angelegenheit. Lediglich Rolf, ein Freund aus den Gesangvereinstagen, äußerte sich skeptisch.

„Wenn Hilde das man nicht bereut", sagte er. „Oder sie kommt ganz schnell wieder zurück. So eine wilde, lebenslustige Frau, und dann in ein Kaff, das große Ähnlichkeit mit der Taiga hat. Bekanntlich verschuben die Russen ihre Strafgefangenen dorthin."

Hilde leistete sich alles: Köchin, Gärtner, Putzfrau, Fahrer. Sie rührte keinen Finger und ließ das Haus des Händlers von oben bis unten auf Hochglanz bringen. Mit ihren dürftigen Sprachkenntnissen verstanden alle, was sie meinte und wollte. Es war kein normales Leben das Hilde führte, sie residierte. War die Holzbrücke über einen kleinen Wasserlauf morsch, Hilde bezahlte die neuen Bohlen. Selbst der Dorfschulze Antek sah seine Autorität schwinden, murrte nicht einmal, weil es der Gemeinschaft noch nie sie gut ergangen war. Man sprach mit ihr als Gospodynia und gab keine Widerworte. Und belohnt wurde man mit schwungvollen Gaben, die Hildes Kasse durch den günstigen Wechselkurs kaum belastete. Witek war ein toller Kerl, dass er so eine Frau nach hier gebracht hatte.

Dabei hatte sie ihren ersten Mann heillos betrogen. Sie war ein schielendes, rothaariges Weib, das den Alkohol wie Wasser soff. Ihr aufgedunsenes Gesicht und der Jungfrauenbauch wackelten horizontal, wenn ihr Mund ein schallendes Gelächter hören ließ. Sie war maßlos, hemmungslos, und nun sogar treu, wenn sie die Bauernlümmel betrachtete, die schlurfend über die Wege trotteten. Kannte in diesem Landstrich überhaupt jemand Hilde, die sie wie eine Fürstin hofierten?

„Gospodynia", sagte Antek, der Dorfschulze, zu ihr. „Können wir auf deine Großzügigkeit rechnen, wenn wir unser Sommerfest ausrichten?"

„Was braucht ihr denn, Antek?“, fragte Hilde.

„Nun, so genau weiß man nicht“, antwortete Antek. „Wir wollen eine kleine Kapelle aus der Kreisstadt kommen lassen.“

„Soll ich die Kapelle bezahlen?“

„Wenn du so gütig willst sein, Gospodynia.“

„Gut, abgemacht“, sagte Hilde. „Sie sollen bei mir im Garten auch zum Tanz aufspielen.“

„Gütigst“, dienerte Antek mit dem Kopf.

An einem Tag, der so normal war wie Wolken und Regen, erlitt Hilde einen Schlaganfall. Ihre eine Seite war steif, die Sprache dahin. Zunächst versuchten alle, ihr zu helfen, doch als Hilde immer mehr die Augen verdrehte, kam man nach einer Stunde vergeblichen Bemühens darauf, sie in das Spital der Kreisstadt zu bringen. Die Ärzte schauten finster, machten aber lauter Dinge, die wie eine professionelle Behandlung aussahen. Als sie nach zwei Wochen das Krankenhaus verließ, war sie auf die Hilfe von Witek angewiesen.

Allmählich, und zwar scheibchenweise, drang ihre Erkrankung bis in die alte Heimat vor. Vielleicht bedauerte man sie, mehr wohl aber nicht, und wenn man sich an die Unruhen erinnerte, die sie in so mancher Ehe ausgelöst hatte, wurde man gelassener, dass sie so weit fort und beinahe unerreichbar war.

Rolf, ihr kleiner Nicht-Bereuer aus frohen Tagen des Gesanges, war Frührentner und noch so gut drauf, dass ihm das Reisen noch Spaß machte. Er plante, fuhr hin und versackte beinahe in der Weite des endlosen Landes. Als er ankam, bekam er gleich mit, dass sie ihn Pluderer nannten, und er fragte Witek, was das auf sich habe.

„Ihr heißt hier alle so“, antwortete Witek. „In Österreich seid ihr die Piefkes, und bei uns eben die Pluderer.“

„Hilde auch?"

„Nein, nein, die nicht. Hilde ist die Gospodynia."

Es fuhr Rolf heftig in die Glieder, als er Hilde zum ersten Mal nach ihrer Krankheit wiedersah. Zusammengesunken saß sie in einem Sessel und war nicht in der Lage, seine Fragen zu beantworten. Ein unzusammenhängendes Lallen entfuhr ihren Lippen. Ihre Augen waren wie eine Bitte, die sie nicht formulieren konnte. Halbseitig gelähmt, sackte ihr Körper immer wieder zur Seite. Witek richtete sie auf und streichelte ihre Hand. Sie stöhnte und grollte tief in der Kehle.

„Ihr könnt hier nicht bleiben", sagte Rolf nach einigen Tagen zu Witek. „Kein Arzt, keine medizinische Versorgung. Ihr müsst immer zur Behandlung in die Kreisstadt fahren."

„Wo sollen wir hin?", klagte Witek. „Hilde wird gut von Justyna und mir versorgt. Ihr fehlt es an nichts."

„Trotzdem. Sie muss zurück nach Hause. Ihr habt dort doch noch die Wohnung, Hildes Wohnung. Du tust Hilde keinen Gefallen, wenn du sie fernab jeder guten medizinischen Betreuung in dieses weite Land einsperrst. Mein Gott, was würde mich der Koller packen, wenn ich für immer hier bleiben müsste."

Witek schaute leicht pikiert Rolf an, der sich aber nichts daraus machte und bei jeder Gelegenheit eine dringende Abreise empfahl. Die Dorfbewohner merkten, dass der Pluderer etwas im Schilde führte, und auch Antek, dem Dorfschulzen, kam die Sache nicht ganz geheuer vor. Er fragte Witek, doch der gab keine Antwort.

Und dann war es eines Tages so weit. Rolf hatte Witek überzeugt. Zwei Tage nur dauerten die Vorbereitungen zur Abreise, und schon brach man auf. Alle kamen sie und standen linkisch auf der Straße, als Hilde ihr Kaufmannshaus verließ. Witek erschrak zunächst, als er sie dort stehen sah, und etwas wie Trauer und Wehmut schnürte ihm die Kehle zu. Er wusste, wenn er jetzt sein Dorf verließ, würde er so schnell nicht wieder zurückkehren. Hilde reagierte kaum mit den Augen, als der Dorfschulze Antek ihr die Hand gab, die er aber selber nehmen musste.

„Viel Glück, Gospodynia“, sagte er.

Die Szene verschwamm vor Witeks Augen, als Justyna hervorsprang und lossprudelte: „Wenn du gesund sein wirst, komm zurück!“

Hilde wurde in den Transportwagen gehoben, der sie zur nächsten Station bringen sollte, und auch Witek und Rolf stiegen ein. Langsam betätigte der Fahrer das Lenkrad, und als der Wagen rollte, winkten beide kurz, aber nur Wenige winkten zurück. Antek war dabei, auch Justyna, die sich in die zweite Reihe zurückgezogen hatte.

Es war wie im Nachspann eines Films. Dort auf der Dorfstraße das sich langsam auf den Horizont zubewegende Fahrzeug, und hier die Gruppe der Menschen, die ihm nachschauten mit ihren Gedanken und Wünschen. Irgendwie aus dem Blau hätte jetzt das Ende auftauchen müssen, das Wort Ende. Doch der Himmel war nur eines: blau.

DIE WITWE

Als Witwe Thea Hagen war sie allen bekannt. Und natürlich war sie nicht immer Witwe gewesen. Sie hatte einen Mann, einen großen kräftigen Mann, Franz, der im Winter die Hausschlachtungen vornahm und im Sommer als Maurer am Bau arbeitete. Mit den Hausschlachtungen und dem Schlechtwettergeld kam man gut über die Runden, zumal es bei den Schlachtungen und der Wursterei den einen oder anderen klaren Schluck gab, dem Franz zugeneigt war. In die Mettwurst kam der Weinbrand, zwei Gläschen bis zum Strich.

Franz und Thea hatten drei Kinder, einen Sohn, der Älteste, und zwei Mädchen, freche kleine Gören, die der Nachbarschaft arg zusetzten. Ihr plappernder, nie still stehender Mund kannte schon in ganz jungen Jahren Ausdrücke, für die sich mancher Erwachsene geschämt hätte. Der Sohn war ein robuster Kerl, der alles das tat, was ein Junge tun muss, und so erlernte er in späteren Jahren auch das Fleischerhandwerk.

Franz trank, als er älter wurde, immer ein bisschen mehr, als er vertragen konnte. Er besuchte die Landwirte in der näheren Umgebung und holte sich dort seinen Schluck ab, um anschließend mit dem Fahrrad die nächste Station anzufahren. An den Wochenenden hatte es ihm der Dorfkrug in der Nachbargemeinde angetan, wohin er allerdings zu Fuß ging, denn wenn er etwas getrunken hatte, konnte er auch nicht mehr Fahrrad fahren. Franz wusste das, konnte aber seinem Schicksal nicht entgehen, als der Nebel mitten in der Nacht wie wabernde Suppe war und sowohl er als auch der Automobilist Alkohol getrunken hatten. Der Autofahrer erwischte ihn mit der rechten Vorderseite, und Franz war rechts gegangen. Wie sehr schwankend, ließ sich hinterher nicht mehr feststellen. Dafür, dass Franz tot war, erhielt der Fahrer einen

Monatslohn Geldstrafe, drei Monate auf Bewährung und ein Jahr Führerscheinentzug. Thea, die Witwe, war bei der Hauptverhandlung nicht zugegen, man hatte sie darüber nicht informiert.

Die beiden Mädchen der Witwe waren zum Unfallzeitpunkt noch schulpflichtig, der Sohn im letzten Lehrjahr bei einem befreundeten Fleischer, zwei Gemeinden weiter. Um zur Arbeit zu gelangen, hatte man dem Sohn ein Moped gekauft, und als die Witwe nun zu Hause saß und über alles nachdachte, fiel ihr ein, dass sie auch etwas mobiler sein könnte. Gesagt, getan, sie kaufte sich ein Moped, ein einfaches führerscheinfreies, aber knatterndes Gefährt, dem der Gestank aus dem Auspuff quoll. Und so rauschte sie zu jedem von ihr angestrebten Punkt.

Schon von weitem war sie unzweifelhaft zu erkennen, ihr rundes Gesicht, die pechschwarzen, ölig glänzenden Haare, die zuweilen bei richtigem Lichteinfall grünlich aufschimmerten, perlmuttfarben, als handele es sich um das Gefieder einer Krähe oder Elster. Sie hatte ein Lachen um die Mundwinkel, das von stetiger Fröhlichkeit zeugte, und redselig war sie, ein wahrer Ausbund an Lebensfreude. Man fragte sie nie, ob ihre Ehe glücklich gewesen sei, sie war in diesem Fall wortlos die Witwe Hagen und dabei blieb es. Als ihr Sohn schon selber die Hausschlachtungen vornahm und sich eine eigene Wursteküche eingerichtet hatte, war die Witwe Hagen ein fester Bestandteil der Gemeinde.

Sie gehörte dem Frauenchor an, dem Kirchenchor, sie feierte bei den Schützen, den Fußballern, und obwohl die Gemeinde ein Handballdorf war, hatte sie es mit denen nicht so dicke. Ihr waren die Seilschaften zu verdächtig, diese Clique von Köttern und Franzen, ein undurchdringliches Dickicht voller Machenschaften, denen auch schon mal der Ruhm zu Kopf gestiegen war, kurzfristig, bevor es wieder abwärts ging.

Wer eine Mitteilung weiterleiten wollte, erzählte es der Witwe Hagen, und schneller als die Post gelangte die Nachricht zum Empfänger. Nicht auf direktem Weg, sondern um mehrere Ecken herum, aber trotzdem sehr effektiv. Unliebsamen Personen konnte man eins auswischen, indem man der Witwe so nebenbei im Gespräch die verwerfliche Äußerung oder zweifelhafte Handlung dieses oder jenes Menschen unterbreitete. Die Witwe saugte Bösartigkeiten, Klatsch und Schlechtigkeiten wie ein Schwamm auf, bevor sie ihn leicht auspresste, wenn der richtige Zeitpunkt gekommen war. Auf ihrer Klaviatur der Dorfnachrichten war sie große Klasse, beinahe Spitze. Und dieses beinahe Spitze bezog sich darauf, dass sie auch schon mal Dummheiten ungefiltert weitergeben konnte.

„Von wem hast du das?“, konnte jemand einen anderen fragen.

„Die Witwe Hagen hat das im Altenklub erzählt“, lautete die Erwiderung.

„Ach die“, sagte der Jemand. „Die erzählt doch so viel wie der Tag lang ist.“

„Stimmt das also nicht?“

„Nein. So eine Eselei würde ich niemals von mir geben. Da hat man die Witwe gelinkt.“

Witwe Hagen hatte drei Freundinnen, mit denen sie sich traf und lustige Abende verbrachte. Es wurde getrunken, gelacht, gegessen, gelegentlich traf man sich auch zu Hause. Die vier Frauen hielten wie Pech und Schwefel zusammen. Zwei von ihnen waren verheiratet, die beiden anderen verwitwet, und eine der Ehefrauen, die mit einem Gewerkschaftssekretär verheiratet war, nahm die langen Sitzungsabende des Gatten zum Anlass, im Überschwang ihrer Freundlichkeit sehr nett zu dem zu sein, der ihr die Seite knuffte. Im Landgasthaus hatten die sanitären Einrichtungen ab und zu Ohren, beziehungsweise einer war vor Müdigkeit eingeschlafen und dann plötzlich wach geworden. Er rührte sich nicht von der Stelle.

„Thea“, konnte eine der Freundinnen sagen, die bei der Witwe auf einen Sprung vorbeigekommen war, „weißt du das schon von gestern Abend? Die Hilde hat mit dem Chorleiter vom Männergesangverein rumgemacht."

„Nein."

„Wenn ich es dir doch sage."

„Mit dem Chorleiter? Und wo?"

„Na da wo wir gestern Abend auch waren. Bei Südmeyer."

„Gestern Abend?", sagte die Witwe. „Ich habe nichts gemerkt. Hilde war doch wie immer."

„Eben. Hilde ist immer wie immer. Mensch, Thea, du weißt doch." Die Freundin gab der Witwe einen leichten Schlag auf den Unterarm, und die Witwe warf den Kopf ein wenig zurück.

„Wieder auf der Toilette?", fragte die Witwe.

„Wieder auf der Toilette", erwiderte die Freundin. „So unbequem wie das auch sein mag. Ich will gar nicht daran denken."

„Und von wem hast du das?"

„Nebenan hat Brenner gesessen", antwortete die Freundin. „Der Landwirt vor der Autobahn. Du weißt doch, der mit seinem roten Wirsing."

„Ach der", sagte die Witwe. Sie überlegte kurz. „Wir können ja schlecht Hilde fragen, wenn sie es uns nicht selber erzählt. Und ihr Emil hat's ja mit der Prostata."

„Hilde erzählt immer alles", erwiderte die Freundin. „Es ist nur eine Frage der Zeit. Und was ihren Emil betrifft, der hat's nicht nur mit der Prostata, der ist auch blind. Gib ihm ein Bier und einen Schnaps und er betet dir die ganze Sozialgesetzgebung runter. Der hätte gestern Abend ruhig dabei sein können, der hätte sowieso nichts gemerkt, wenn die Hilde mal etwas länger weggeblieben wäre."

„Ich glaube, es ist so", sagte die Witwe, „denn der Emil ist so sozial wie die Partei, der er angehört."

„Woh", staunte die Freundin. „Du hast ja heute wieder Sprüche drauf."

„Meinst du?"

„Meine ich. Übrigens, hast du noch einen Sekt?"

„Jetzt schon am Vormittag?"

Die Freundin schmunzelte.

„Thea!" Und jetzt lachte sie. „Wir kommen nie mehr so jung zusammen. Auch wenn der Spruch saublöde ist."

„Ich glaub, im Vertiko habe ich noch einen", sagte die Witwe. „Soll ich den holen?"

„Sollst du, Thea. Sollst du. Lieblich natürlich." Und als die Witwe den Raum verließ, rief sie hinter ihr her: „Und bring zwei Gläser mit, Thea. Zwei Gläser."

Das Geschäft des Sohnes mit Hausschlachtungen und einem kleinen Verkaufsladen, mehr so eine Diele mit einem stabilen weißgestrichenen Tisch, florierte gut und immer besser, so dass die Witwe den Verkauf von Wurst- und Fleischwaren übernahm, wenn ihr Sohn arbeitete oder unterwegs war.

Glücklich war der Umstand, dass die Witwe keine festen Verkaufszeiten einhielt, sondern, wenn sie da war, auch Ware verkaufte, und das sogar an den Wochenenden. Wer unvorbereitet nicht mit gutem Wetter gerechnet hatte und Grillen wollte, erhielt die fehlende Bratwurst bei der Witwe, am Sonntagnachmittag. Allerdings nicht immer, denn die Witwe war auch mit ihrem Moped unterwegs. Sie tauchte überall und nirgends auf, aber wo sie letztlich wirklich gewesen war, wusste niemand. Einmal wurde die Vermutung geäußert, dass jemand sie in der Stadt gesehen habe, am Stauteich 3. Aber was hatte die Witwe am Stauteich 3 oder in der Stadt verloren?

An einem Tag im Juni diagnostizierten unabhängig voneinander mehrere Ärzte bei der Witwe einen Tumor, wie er an der Stelle nur bei Frauen vorkommt. Mehrere Operationen erfolgten, das ganze Programm schloss sich an, Chemo, Bestrahlung. Es ging alles rasend schnell. Die öligen schwarzen Haare waren fort, das Gesicht eingefallen, aus dunklen Augenhöhlen schauten flehende Pupillen. Sie weinte leise, bevor sie starb.

Der Sohn, seine beiden Schwestern und ein Freund der Schwestern saßen während der Trauerfeier in der ersten Reihe, als eine dunkel gekleidete Frau in mittleren Jahren den Gang hinunterschritt und vor dem aufgebahrten Sarg kurz innehielt. Sie bückte sich und legte ein Blumengebinde nieder, bevor sie sich umwandte, leicht stockte und den Trauergästen mit geröteten Augen entgegenblickte. Sie setzte sich in die zweite Reihe, still, wortlos. Der Sohn versuchte aus den Augenwinkeln zurückzublicken, aber dazu hätte er sich mehr umwenden müssen, und das wollte er nicht.

Als der Sarg hinausgefahren wurde, schloss sich der Trauerzug an. Die unbekannte Frau folgte den Kindern der Witwe, und als man am Grab stand, war sie unmittelbar neben ihnen.

„Sag mal, kennst du die?“, flüsterte eine Schwester der anderen zu.

„Nein“, erwiderte die. „Ich habe keine Ahnung, wer das ist.“

Nach den Kindern trat die unbekannte Frau an das offene Grab, verhielt sich still und warf dann ein kleines Rosengebinde auf den Sarg. Sie weinte gefasst und hielt ein Taschentuch in der Hand.

Der Sohn wurde unruhig, und als die versammelten Trauergäste am Sarg standen und jeweils eine Schaufel Erde hinabwarfen, wandte er sich leise an die Frau, die er noch nie im Leben gesehen hatte.

„Entschuldigung“, sagte er. „Ich möchte nicht aufdringlich sein. Aber in welcher Beziehung standen Sie zu der Verstorbenen? Was hatten Sie mit ihr zu tun?“

Die fremde Frau schlug die Augen auf und sah den Sohn aus verweinten, traurigen und wissenden Augen an. Ihre Lippen bewegten sich ganz mühsam.

„Sie war meine Mutter“, sagte sie.

Der Sohn erhielt einen Schlag, als hätte er so eine ernüchternde Wahrheit noch nie vernommen.

„Ihre Mutter?"

Die Schwestern traten näher.

„Was?"

„Sie hatte mich vor euch", sagte die Frau. „Bevor sie euren Vater geheiratet hat."

Der Sohn hatte sich als erster gefasst.

„Und wie heißen Sie? Nein, wie heißt du? Jetzt, wo wir verwandt sind, natürlich du."

„Marianne", sagte die Frau. „Aber verwandt waren wir schon immer, Bruder. Nur ihr wusstet es nicht. Im Gegensatz zu mir."

„Ja, das ist richtig", sagte der Sohn kleinlaut.

Als man später in einer Gaststätte bei Kaffee, gedecktem Kuchen und belegten Broten saß, meinte eine Schwester, dass man jetzt bei der Regelung des Nachlasses wohl anders verfahren müsse. Marianne schüttelte den Kopf.

„Nein", sagte sie. „Das habe ich mit Mutter alles längst besprochen. Es bleibt so wie bisher. Ihr teilt durch drei. Ich habe mein Auskommen."

„Wenn wir jetzt auseinandergehen", sagte der Bruder zu seiner Halbschwester, „wirst du uns einmal besuchen kommen?"

„Gerne", erwiderte Marianne. „Sehr gerne. Aber zunächst seid ihr einmal dran, mich zu besuchen."

„Und wo wäre das? Wo wohnst du?"

„Es ist nicht aus der Welt", sagte Marianne. „Am Stauteich 3. Wisst ihr wo die Schrebergärten sind?"

Alle drei jüngeren Geschwister nickten verständnisinnig mit dem Kopf. Und alle drei glaubten sie zu verstehen, was da vor sich gegangen war. Aber das war nur das vorgegebene, aufgeschraubte Verstehen. In Wahrheit brodelte in ihrem Inneren eine Last, die sie nicht einen Millimeter verschieben konnten. Wie sollte man mit einer Schwester, die so plötzlich aus dem Nichts auftaucht, eigentlich fertig werden?

Eine schwere, dunkle Nacht stand ihnen bevor, eine Nacht mit Schweißausbrüchen, Fahrstuhlabstürzen und einem Fall in das endlose Nichts, wo die Farben grell vorüberrasen.

Und lange dauert es, bis der Morgen graut, lange.

HAUS BERSABA

Die Prostituierte hatte gewaltige Brüste, ein geordnetes Hinterteil und Arme, die kräftig zupacken konnten. Sie war frech, im Bordell bekannt und nun freiberuflich in der Straße tätig, die die Stadt dafür vorgesehen hatte. Da man ihr den Führerschein abgenommen hatte, fuhr ihr debiler Freund sie zum Arbeitsplatz und wartete im Schatten einer Tankstelle, wenn sie zu den Freiern in deren Auto stieg. Meistens ging es um den Gebäudekomplex herum auf einen Sportplatz, der von hohen Pappeln umsäumt war. Die Vereinsführung hatte schon mehrfach gegen die Zweckentfremdung protestiert, aber die Proteste verhallten wirkungslos, da ein zu scharfer Protest Einfluss auf die Fördergelder nach sich ziehen würde. Sie hieß übrigens Renate und war so alt wie ihr Name, als der in Mode war.

Renate hatte ein bewegtes Leben in offenen und geschlossenen Häusern hinter sich. Mit ihrem Mund, der um keine Antwort verlegen war, hatte sie sich mehr geschadet als genützt, und so kam es, dass sie gerade ihr Auskommen hatte und keine Reichtümer besaß. Sie hielt sich einen Yorkshire-Terrier, der bei ihr schlafen durfte, wenn er wollte, aber oft wollte er nicht. Was ihr debiler Freund wollte und durfte, darüber bewahrte man Stillschweigen. Eigentlich saß der immer nur da und stierte die Wand an, wobei sein linkes Auge ständig triefte. Wenn er sprach, stotterte er oder quälte sich abgehackt bis zum Satzende. Erleichtert schlossen sich danach seine Lippen.

Die letzte größere Begebenheit in Renates Leben war, dass einer ihrer Bewunderer ihre Wohnanschrift ausfindig gemacht hatte und am Fallrohr der Dachrinne hinaufgeklettert war, um in ihre Wohnung zu gelangen. Der Bewunderer klopfte zwar noch an die Fensterscheibe auf ihrem Balkon, aber dann war die Polizei schon da und nahm ihn mit. Es war ein Feuerwehrmann, der in Scheidung lebte und hoch verschuldet war.

Ich lebte schon seit längerem in dem Bezirk, der einmal „Fünfter Kanton“ genannt wurde, als ich die Bekanntschaft eines Polizisten machte, der noch aktiv im Dienst tätig war. Wir freundeten uns an und trafen uns hin und wieder. Gerd, so hieß der Polizist, zeigte mir die Besonderheiten des Stadtteils, seine Menschen, seine Straßen. Da ich als freier Journalist sehr an der Öffentlichkeit interessiert war, blieb es nicht aus, dass wir auch an den öffentlichen Sitzungen der Bezirksvertretung teilnahmen, die im Haus der Arbeiterwohlfahrt stattfanden. Ich weiß noch, bei der ersten Sitzung ging es um den Finkenbach, der bei heftigen Regengüssen ständig über die Ufer trat und Wiesen und Gärten völlig überflutete und zerstörte. Viele Anwohner waren bei diesem Thema anwesend und forderten eine Erhöhung der Böschung, zur Sicherheit.

In der letzten Reihe des kleinen Saales saß eine unscheinbare Frau mit rotem Pullover und großen Brüsten, neben ihr ein Mann mit abwesendem Gesichtsausdruck und feuchten Augen. Ich kannte Renate damals noch nicht, ebenso wenig ihren Begleiter. Mein Begleiter indes, der Polizist, wies mit dem Kopf nach hinten.

„Siehst du die Frau im roten Pullover in der letzten Reihe?“, fragte er mich und lächelte vieldeutig.

Ich wandte mich kurz um.

„Ja“, erwiderte ich. „Neben ihr sitzt so ein Kerl, der aussieht, als wäre er nicht sehr helle.“

„Das ist Leuchtermann“, sagte Gerd. „Die Frau ist Renate W. Geht auf den Strich am Großmarkt.“

„Und was hat Leuch ...?“, fragte ich, wurde aber unterbrochen.

„Leuchtermann.“

„Gut, Leuchtermann. Und was hat der mit ihr zu tun? Sieht nicht gerade aus, als sei er ihr Zuhälter.“

„Ist er auch nicht“, sagte Gerd. „Leuchtermann ist

Renates Diener. Wenn Behördenkram zu regeln ist, Verwarngelder bezahlt werden müssen, Leuchtermann regelt alles. Nur zum Gesundheitsamt muss Renate noch selber hingehen."

„Ach", meinte ich naiv, als hätte ich nicht richtig verstanden.

„Geht doch nicht anders", sagte Gerd wohlmeinend. „Denk mal nach. Nicht?"

„Natürlich", erwiderte ich. „Na klar doch."

„Wenn die vom Großmarkt nicht regelmäßig zur Untersuchung kommen", sagte Gerd, „riegeln wir die Straße oben und unten ab, und schwupp, sind die im G-Wagen. Am nächsten Morgen kommen sie dann zum Doktor."

„G-Wagen?"

„Gewahrsamswagen. Gefangenenwagen. Grüne Minna."

„Ach ja", stellte ich fest. „Ihr habt die sicher alle verzeichnet."

„Gemeldet werden uns die Damen vom Gesundheitsamt", sagte Gerd, „aber natürlich haben wir auch ein Verzeichnis."

„Nennt man das so?", fragte ich. „Verzeichnis?"

„Akte", klärte Gerd mich auf. „Kriminalakte."

So weit ich die Sitzung in Erinnerung habe, war ihr nur ein mäßiger Erfolg beschieden. Da die Stadt kein Geld locker machen wollte beziehungsweise auch keines mehr besaß, sollte punktuell die Eigeninitiative gefragt sein. Aber da war überhaupt keine Begeisterung zu spüren, vielmehr brummte und schimpfte man und ging wütend nach Hause.

In der Folgezeit begegneten mir Renate W. und Leuchtermann hin und wieder in unserer gemeinsamen Wohngegend, entweder beim Fleischer, in der Apotheke oder im Blumengeschäft. Sie wohnten beide über dem Fleischerladen. Wir grüßten uns kurz, wobei Leuchtermann mich immer so merkwürdig anschielte, als wäre ich für ihn gefährlich. Mag sein, dass ihn meine Bekanntschaft mit dem Polizisten Gerd misstrauisch machte, oder was immer er sich einbildete. Renate sprach schon mal ein Wort, aber das war mehr so beim Türeöffnen oder -zumachen und mit „danke“ und „bitte“. Darin lag keine Koketterie. Leuchtermann fuhr den Wagen von Renate, eine alte Klapperkiste mit verblichenem Lack, vom Straßenrand aus in die Innenstadt. Gelegentlich saß Renate auf dem Beifahrersitz. Ihr mächtiger Busen war durch die Frontscheibe nicht zu übersehen.

Es ist heute allgemein üblich, dass zu jedem nur erdenklichen Geschehen zu Spenden aufgerufen wird, egal welches Medium man sich dabei aussucht. Ich sage das ohne jede Bewertung, weil eine Spende mich stutzig machte, die im Haus der Arbeiterwohlfahrt während einer Sitzung getätigt wurde. Spenderin war Renate W., und es war eine spendable Summe, die da den Besitzer wechselte. Allgemein gab man viel weniger, eine Durchschnittsmenge, die einen nicht an den Rand der Knauserigkeit stellte. Anlass der Aktion war ein Heim für stark zurückgebliebene Kinder auf dem Balkan.

Ich fragte den Polizisten Gerd.

„Nein“, erwiderte der, „Renate ist nicht mit Reichtümern gesegnet. Außerdem, ihre Mädchen-Maienblüte ist längst vorbei. Sie muss für ihr Geld ganz schön schuften.“

„Wie meinst du das?“

„Ausländer. Renate macht ihr Geld mit Ausländern. Zwar nicht ausschließlich ...“

„Und warum spendet sie dann so viel?“

Ich konnte mir das nicht erklären.

Gerd nickte verstehend mit dem Kopf. Er lachte nicht, auch nicht andeutungsweise.

„Renate W. hat einen behinderten Sohn“, sagte er. „Der lebt im Haus Bersaba, in dem Stadtteil, wo viel für Behinderte und Kranke getan wird. Nicht umsonst, beileibe nicht, die nehmen alles bezahlt. Helmut, so heißt der Sohn, arbeitet in der Tischlerei."

„Aha", sagte ich, „daher diese Summe."

„Ganz sicher", sagte Gerd. „Persönliche Betroffenheit."

Und dann erzählte er mir, dass Helmut mehrmals in der Woche Ausgang habe und bei der Polizei bestens bekannt sei. Die Polizisten behandelten Helmut höflich, wissend und zurückhaltend, denn Helmut überwachte den Fußgängerüberweg an der belebten Einkaufsstraße. Für jeden Fußgänger, der noch bei Rot auf die Fahrbahn trat, machte Helmut in seinem kleinen Notizbuch einen Strich. Hatte er genug Striche gesammelt, ging er zur Polizeiwache und gab den Zettel ab, nicht ohne ihn vorher unterschrieben zu haben: Helmut!

Die Polizisten kannten ihn alle, trotz wechselnder Schichtfolge. Sie gaben ihm sonntags frei, sie gaben ihm Ferien, und wenn eine Weile vergangen war, beförderten sie Helmut, indem sie ihm einen Kommissarsstern an die grüne Jacke hefteten. Und so stand Helmut am Beginn der Fußgängerzone, welche die Bundesstraße kreuzte, und sein Stern glitzerte, wenn die Sonne ihn traf.

Ich kam vom ehemaligen Busbahnhof zur Fußgängerzone und musste bei „Rot" stehenbleiben. Wie man es immer wieder sieht, huschten noch ein paar Eilige auf die Straße, obwohl die Lichtzeichenanlage längst auf „Rot" geschaltet hatte. Ich schaute gelangweilt umher.

In der Fußgängerzone, auf der anderen Seite der Straße, spielte jemand Schifferklavier. Dann knallte noch eine Peitsche, wo immer das auch war.

Direkt neben der Ampelanlage stand ein ziemlich kleiner Mann in einer grünen Jacke. Er hatte ein Heftchen in der Hand, in das er Notizen zu machen schien. Zunächst nahm ich ihn nur oberflächlich aus den Augenwinkeln wahr, aber als es an seinem Arm blitzte, schaute ich genauer hin. Das Blitzen am Arm waren Rangsterne der Polizei, ich erkannte es sofort, und wenn mich nicht alles täuschte, handelte es sich bei der Person um Helmut, von dem der Polizist Gerd mir erzählt hatte.

Helmut hatte einen Bleistiftstummel in der Hand und machte Striche in sein Büchlein, zwei, als ich dastand. Die Ampel schaltete um und ich blieb stehen. Helmut schaute und schaute, todernst, mit dem verstörenden Blick eines kranken Geistes.

Ich näherte mich ihm.

„Helmut?", sagte ich.

Er zuckte und schaute mich erschreckt an.

„Sind schon viele bei „Rot" gegangen?"

„Zwölf", antwortete Helmut. Er war sehr erregt. „Hier." Er zeigte mir sein Rechenheftchen. „Zwölf. Und einer hat gedroht. Er wollte mir den Bleistift wegnehmen."

„Hat er dann aber nicht getan?"

„Ich habe gesagt, dass ich für die Polizei arbeite", sagte Helmut. „Und die sind meine Freunde."

„Fein", sagte ich. „Und wie lange machst du das heute noch?"

Helmut schaute angestrengt auf seine Armbanduhr und las.

„Bis Zwölf. Noch drei Minuten. Dann muss ich zum Essen."

„Und weißt du schon, was es zu essen gibt?"

„Milchreis", kam es prompt. „Die Schwester hat Milchreis gesagt. Aber es könnte auch Nudeln geben."

„Was auch immer", sagte ich. „Lass es dir schmecken. Ich muss jetzt weiter. Mach es gut."

„Ja", sagte Helmut, nur dies eine Wort.

Während ich durch das Gewirr der Menschen schritt, musste ich ständig an Renate und ihren Sohn Helmut denken, wie weit, wie fern, und wie nah sich Menschen doch sein können, obwohl es so viele sind, die in dem Bienenhaus umherschwirren. Und jeder hat seine Geschichte, seine eigene, unverwechselbare Geschichte vom Leben und seinen Episoden. Diese war die vom Haus Bersaba, das nur nebenbei erwähnt wurde.

GROSSER BREITER STROM

Bevor Mateco in die *capital* kam, hatte er unter glühender Sonne in der Gegend um Almería Tomaten gepflanzt und gepflückt, von wo sie dann auf Lastwagen nach Holland transportiert wurden. Überall um Almería herum flatterten in zusammengehäuften Ballen die Kunststofffolien durch die Landschaft, und wenn man Pech hatte, verfingen sie sich im Kühlergrill des eigenen Autos.

Mateco hatte kein Auto, er war arm. Er war arm geboren und wollte etwas Großes werden, zumindest nicht mehr arm sein. Er war vielleicht etwas kleiner als mittelgroß, schlank, schwarzhaarig, mit dieser leichten Tönung der Haut, die noch nach Jahrhunderten an das maurische Erbe erinnerte. Ein Paar brauner Augen blickten aus einem dunklen Kranz, der fast schwarz an der Nasenwurzel endete.

In der *capital* war das Lichtermeer der Nacht der Tag, und wenn wirklich heller, sonnendurchfluteter Tag war, musste Mateco im Geschäft von Romero Sanchez die Regale auffüllen. Es war eine lausige Arbeit, schlecht bezahlt, aber er lebte. Und manchmal bekam er sogar etwas von dem Pata Negra ab, der hinter der Theke am Eisenhaken hing. Er selbst gönnte sich höchst selten diese Köstlichkeit, weil der Preis hier in Mirasierra sein Denken und seine Kasse weit überstieg. Gelegentlich erwischte er günstig eine Eintrittskarte für eine *corrida* in Las Ventas, und wenn er wieder nach Hause kam, war er froh, dass Spannung und Gefahr nun hinter ihm lagen.

Mirasierra war ein reicher Moloch, mit Pools, Einzäunungen, ferngesteuerten Toren und vielen *chicas* in hellblauen Kittelschürzen, die durch den Personaleingang ihre Wirkungsstätte erreichten. Auf der Straße gab es hohe Bordsteine, über die man nur mit einem Riesenschritt gelangen konnte, und wenn man bummeln wollte, suchte man besser einen Park auf, wo das Spazierengehen sich nicht so abgehackt schwierig gestaltete. Außerdem begannen hinter Mirasierra das braune Gras und die rote Erde, und dahinter die Berge der Sierra Guadarrama.

Mateco lebte zurückgezogen. Er packte fleißig die Regale bei Romero Sanchez, war pünktlich, höflich, den Damen gegenüber fast schon galant, aber von einer Freundin, einer weiblichen Begleitung, davon hörte man nie etwas. Nur zum Jahresende gönnte sich Mateco einen Gran Reserva, mit den besten Wünschen für die Zukunft.

Als er davon hörte, war er noch unschlüssig, gehemmt sogar, aber dann sprang ein Funke auf ihn über, er begeisterte sich, steigerte die Begeisterung zur fast schon fixen Idee, und ehe er sich versah, hatte er den Kontrakt bereits unterschrieben und war auf dem Weg in die Schweiz.

In der Schweiz gefiel es ihm gut, die Arbeitsbedingungen waren erträglich, der Lohn stimmte, verglichen mit seinem Land, und was ihn besonders freute, war, dass hier die Berge bis zu einer gewissen Grenze grün waren, nicht so wie daheim nur kahl und braun und rot und gelb.

Mateco gefiel sein neues Land, die Seen, die Bergbahnen, aber als der Kontrakt nach einem Jahr abgelaufen war, musste er Aarburg verlassen, die Firma Krüss Rauffer und der Staat machten keine Ausnahmen. Leute aus anderen Ländern, die das Arbeitsrecht besaßen, gab es schon lange nicht mehr.

Eine ganze Weile flatterte Mateco ziellos umher. Er wanderte den Rhein hoch, ohne zu wissen, wo der Rhein wirklich endet, und als er in die Großstadt kam, suchte man gerade zu diesem Zeitpunkt Leute am Fließband. Ganz Europa war eingeladen, die Wirtschaft zu stärken, zu stützen, die Zuwächse gaben manches her. Mateco ergriff die Gelegenheit, und so kam es, dass er zwanzig Jahre tagtäglich am Band arbeitete, klopfte, hämmerte, zusammenschraubte. Er fuhr in den Ferien in sein Heimatland, aber die Leute waren ihm fast fremd geworden, ihr Denken war so ganz anders. Und als der wirtschaftliche Boom endete, wurde abgespeckt, freigesetzt, umgeschult, verkürzt, kurz: schlank gemacht, entlassen. Mateco stand am Ufer des Flusses, der mit starker Strömung sein Ziel sucht, unbeirrlich und stetig.

Von den vielen Bekannten und Freunden, die Mateco im Laufe der Jahre hatte, gab es auch ein paar Neider. Mateco war bescheiden, umgänglich, sparsam. Woran sich der eine oder andere in Gedanken rieb war, dass Mateco keine Freundin hatte. Es war ihnen unverständlich, wie ein Mann nur ohne eine Frau leben konnte. Und eines Tages, es war in der Kantine der Fließbandfirma, sprach ein vierschrötiger Kerl mit roten Haaren ihn vom Nebentisch aus an.

„He du, Mateco", sagte der Mann höhnisch. „Mit den Weibern hast du's wohl nicht so. Oder bist du von der anderen Seite?"

Er lachte genüsslich, damit die Umsitzenden es auch mitbekamen.

Mateco runzelte die Stirn.

„Wieso von der anderen Seite?", fragte er.

„Na, ob du schwul bist", sagte der Kerl. „Bist du's? Wir hätten's gerne von dir gewusst."

Mateco antwortete hart und klar, mit Hass in der Stimme.

„Ich bin nicht schwul", sagte er.

Und aus seinen braunen Augen sprühten Flammen der Verachtung.

Es war in Ronda. Später Nachmittag. Die Arena im harten Licht des Südens bis auf den letzten Platz gefüllt. Im weiten Rund grummelten die Stimmen der Menge in auf- und absteigenden Intervallen.

Einer aus der *cuadrilla*, der schon länger als er dabei war, hatte die *veronicas* ausgeführt. Er hatte sich hinter dem *burladero* in Sicherheit gebracht, und der Stier tänzelte mit den Vorderbeinen und warf den Kopf hin und her. Ein großer, schwarzer, kräftiger Stier, die Hörner gleichmäßig gezogen und gebogen.

Mateco stand leicht versetzt gegenüber dem *toril*, die Sonne im Rücken. Er lüpfte die *capa*, die er bis dahin hinter sich hergezogen hatte, und der Stier kam auf ihn zu. Der Stier war wütend, aber unschlüssig, und als dann ein anderer seine *capa* schwenkte, blieb der Stier stehen, blieb stehen für diesen Bruchteil, wo auf der anderen Seite der Tribüne eine Uhr, ein Spiegel oder sonst etwas grell aufblitzte und die Augen von Mateco traf. In der Winzigkeit des Augenblicks seiner Blendung zerrte Mateco blitzschnell die *capa* zu sich heran, und dann war der Stier schon da.

Er fühlte etwas, das wie ein Eisenhammer seinen Unterleib traf, stumpf, grausam und wie ein Knall. Und im nächsten Augenblick hatte der Stier ihn auf die Hörner genommen und von sich geschleudert. Ganz heiß war ihm plötzlich im Unterleib, als er in den Sand fiel, und ganz heiß war ihm, als der Stier erneut auf ihn einstieß und ihm das Horn in das Gesäß rammte. Er fühlte das Horn in sich, wie es stieß und schob, aber keinen Schmerz. Er hätte sich darüber wundern können, wie er später glaubte, aber jetzt war er nur ein kleines Häufchen Elend, hilflos zusammengekrümmt.

Von allen Seiten flogen dem Stier die *capas* um den Kopf, man zerrte an ihm, zog ihn am Schwanz. Dann hatten sie es geschafft, der Stier war weg, Helfer stürzten herein, legten Mateco auf eine Trage und rannten durch das Gatter der Barriere unter die Tribüne in den Sanitätsraum.

Mateco fühlte noch immer keinen Schmerz. Er lag da im weißen Licht der grässlichen Glühbirne und merkte, wie heiß und feucht es ihm im Schritt war. Da musste es ihn fürchterlich getroffen haben, und während er das dachte, begannen sich der Raum und das Licht und die

Wände um ihn zu drehen. Wie ein Brummkreisel drehte sich alles um ihn her, wurde schneller, rasend schnell. Und als das Licht in der gleichen Geschwindigkeit zuckte wie sein hämmernder Puls, verlor er das Bewusstsein.

Wochen vergingen. Die Ärzte kämpften um sein Leben, setzten sich zusammen, beratschlagten, gaben den Schwestern genaue Pflegeanweisungen. Matecos Körper verlor an Gewicht, die Muskeln erschlafften in dem ehemals gestählten Leib. Aber er lebte, überlebte, nur noch das Wundwasser tropfte in einen kleinen Behälter, der neben dem Bett hing.

Der Arzt erschien. Er warf einen Blick auf die Tabelle am Fußende des Bettes und murmelte: „Sehr schön. Sehr schön“. Dann hob er den Kopf und schaute Mateco an. „Sie wissen, wo der Stier sie getroffen hat? Ich meine genau getroffen?“

„Ja“, sagte Mateco. „In den Unterleib.“

„Das ist richtig“, sagte der Arzt. „Aber das ist zu allgemein. Der Stier hat Sie genau da getroffen, wo er nicht treffen durfte. Wir haben alles getan, um Sie wieder zusammen zu flicken. Aber was nicht mehr da war, konnten wir auch nicht wiederbekommen.“

„Wie meinen Sie das, Doktor?“

Der Arzt schluckte, weil das der Punkt des Gespräches war, den er gefürchtet hatte. Doch er hatte sich sogleich wieder in der Gewalt.

„Mateco, Sie sind entmannt. Der Stier hat sie kastriert.“

Mateco sackte in sein Kopfkissen zurück.

Von Matecos Standpunkt aus war das Leben ein Meer von Niederlagen, die, wenn sie einen nicht ganz schafften, aber doch auf eine ständige schiefe Ebene führten, die unweigerlich abwärts zeigte. Die Sieger strahlten im hellen Glanze, aber es gab immer nur einen Sieger, die anderen waren Verlierer.

Mateco war arm geblieben, Frührentner geworden, mit jener trügerischen Sicherheit, die man gewinnt, wenn automatisch per ultimo das Überlebensgehalt angewiesen wird. Und es war schrecklich langweilig, immer am Ufer jenes Flusses herauf- und herunterzulaufen, der erst dann die Massen beunruhigte, wenn er breiter und breiter wurde und an den Grundmauern leckte, bevor er in die Kellerfenster schwappte. Die Schifffahrt wurde dann eingestellt und die Uferstraßen gesperrt.

Eines Tages, es war noch nicht ganz Sommer und der Winter auch noch nicht vorbei, betrat Mateco das Verkaufsbüro einer ansässigen Linienschifffahrt. Er las die Angebote, die Fahrpläne und Ziele, und da er dies gründlich tat, entging ihm nicht, dass die Fahrgesellschaft auf einem gesonderten Aushang Leute für bestimmte Tätigkeiten suchte. Mateco überlegte nicht lange, er trat an den Tresen, hinter dem ein Mann mit Schnurrbart und schwarzer Haarmähne hockte. Die Haare waren tatsächlich so schwarz wie Schuhcreme, und Mateco fragte sich, wie, wenn man sie nicht vererbt bekam, bloß so schwarze Haare haben konnte.

„Ja?“, sagte der Mann, ohne so recht von seinen Papieren aufzusehen.

„Sie suchen Mitarbeiter?“, fragte Mateco. Er deutete auf die Wand hinter sich.

Der Mann unterbrach seine Tätigkeit. Er schaute auf, und jetzt erkannte Mateco, dass er eine riesige schwarze Brille trug, die fast so groß wie das Gesicht war.

„Was können Sie?“, kam die Frage.

„Ich kann eigentlich alles“, sagte Mateco.

„Wie alles? Was haben Sie denn gemacht?“

„Ich habe Autos zusammengeschraubt. Hier in der Stadt. Ich war in der Landwirtschaft. In der Chemie. Ein Jahr war ich in der Schweiz.“

„Haben Sie da ihren Akzent weg?“

„Nein, nein, Schwyzerdütsch ist das nicht. Ich bin Spanier.“

„Ach so“, gab sich der Mann gelangweilt. „Lassen Sie mich mal überlegen, wo ich Sie gebrauchen könnte.“

„Es soll nur ein Nebenjob sein. Ich bin Frührentner“, sagte Mateco. „Wegen der Wirtschaftsflaute.“

„Das erleichtert alles. Topp, das könnte es sein. An der Haltestelle mit Kiosk. Können Sie Fahrkarten verkaufen? Natürlich können Sie das. Für unsere Schiffe?“

„Ja“, sagte Mateco. „Eine Leichtigkeit.“

Und so kam es, dass Mateco einem kleinen Verkaufsladen für Schiffsbillette, Süßigkeiten und Eis vorstand. Er hatte wenig zu tun, fast gar nichts, denn so viele Fahrkarten für die Linienschifffahrt setzte er nicht um. Aber gegenüber seiner Verkaufsstelle befand sich ein Kinderspielplatz, wo die Mütter mit ihren Rangen erschienen, um sich selbst und die Kinder zu unterhalten. Und nach getaner Kinderarbeit gab es oft ein Eis, Mateco sah, wenn er vor seinem Laden stand, die bittenden Kinder. Besonders einen kleinen Jungen fand er interessant, Max, glaubte er, hieß der, und dieser Junge zeigte mit dem Finger in seinen Mund, und regelmäßig erschien die Mutter und kaufte für ihn ein Eis. Richtig blond war der Junge, mit blauen Augen, ein Traum.

Wenn Fahrgäste mitfahren wollen, hängt Mateco eine rote Fahne an die Gangway, damit der Dampfer anlegt und die Fahrgäste zusteigen können. Den Leuten gibt Mateco oft falsche Schiffe für die Rückfahrt an, und drüben in Linz schimpft der dortige Billettverkäufer, dass sie Matecos falsche Angaben immer ausbaden müssen. So ein kleiner munterer Streit ist zwischen dem Kollegen in Linz und Mateco entstanden. Nichts Ernsthaftes!

Mateco herrscht wie ein kleiner Fürst über Kiosk und Anlegestelle. Er ist stolz, glücklich, die richtige Beschäftigung nach so vielen Jahren.

Und wenn er hinüberschaut, sieht er den großen Strom mit den vielen auf- und abfahrenden Schiffen. Schrott haben sie geladen, Öl, Dünger, die ganze Palette dessen, was verarbeitet und gebraucht wird. Mateco sieht die Schiffe und dahinter die Schulinsel, und wenn er höher schaut, auf den Berg, den Rolandsbogen. Es ist ein gutes Bild, denkt er. Ein wunderbares sogar.

DER HUNDEZUECHTER

Kupczyk hatte eine Hundezucht. Nichts Großes, mehr so ein Hobby, aber Geld einbringen sollte es nun doch. Er züchtete diese kleinen Dackel, die aussehen wie eine mutierte Ratte, und er sagte den Käufern natürlich nicht, dass sie im Alter unweigerlich Dackellähme bekämen und eingeschläfert werden müssten. Er lobte seine reine, stabile Rasse, die der quicklebendige Rüde Goethe, wo er nur konnte und durfte, stetig vergrößerte. Über Goethe lachten die Käufer, wenn sie seinen Namen hörten, und dann ging das Lachen in Schmunzeln und Kopfnicken über. Goethe, so fanden einige – der Name machte tatsächlich und wirklich Sinn. Dabei hatte Kupczyk den Namen aus irgendeinem Anlass erwähnt und der Hund war daraufhin zu ihm gekommen und hatte sich vor seine Füße gesetzt. Kupczyk hatte mit Goethe nicht das Geringste zu tun, aber wenn der Hund es wollte, so sollte es so sein.

Robert Kupczyk war ein vierschrötiger Kerl mit dicken Backen, roter Nase, einem ständigen Alkoholkonsum und aufdringlichem Benehmen. Er war verheiratet mit einem kaum wahrnehmbaren Wesen von Frau, die fast unsichtbar blieb, wenn sie nicht gerade die Kaninchen in ihren Ställen hinten im Garten fütterte. Kupczyk schlachtete die Kaninchen selbst, mit einem eisenharten Handkantenschlag. Dann nagelte er sie an den Hinterläufen am Stallbalken auf, um sie noch warm abzuziehen.

Obwohl niemand es ihm zutraute, hatte Kupczyk eine Geliebte in der Nachbarstadt. Sie war füllig, rauchte ständig und war so etwas von versaut, wie der Volksmund sagt, dass man vor Scham fast in den Boden versinken wollte, wenn sie nur den Mund aufmachte. Kupczyk besuchte sie einmal in der Woche, und die Polizei der Stadt bearbeitete die Beleidigungsklagen, die ihr loses Mundwerk produziert hatte. Viele der Kläger erhielten den lapidaren Bescheid, dass kein öffentliches Interesse vorliege, aber der Rechtsweg bliebe ihnen unbenommen – Punkt.

Elvira hatte ein bewegtes Leben in vielen Häusern der Republik hinter sich. Ihre Tochter, die sie beerbt hatte, arbeitete im Knusperhäuschen der Stadt, einem weithin bekannten Etablissement, wo der Besitzer vorher Geschäftsführer gewesen war. Jetzt lebte er auf einer Mittelmeerinsel und genoss das milde Flair der südlichen Sonne.

Kupczyk hatte nicht nur Freude mit seiner Hundezucht. Wenn ein Tier zu früh verendet war, kam es vor, dass der Halter ihn aufsuchte und eine Erklärung für den vorzeitigen Tod seines Tieres haben wollte. Kupczyk zuckte mit der Schulter.

„Was weiß ich, woran der krepiert ist“, sagte er. „Schließlich schnüffeln die überall rum.“

„Willst du damit sagen, dass ich ihn zu viel habe schnüffeln lassen?“, fragte der Mann.

„Keine Ahnung. In den Parks weiß man nie, wer da was weggeworfen hat. Ein Hund ist schließlich auch nur ein Mensch, wie ich immer zu sagen pflege.“

„So ein Schmarren, Kupczyk. Und wie sieht es mit Ersatz aus? Gewährleistung?“

„Was?“, brüllte Kupczyk. „Du willst einen neuen Hund? Und das auch noch umsonst? Nicht bei mir.“

„In jedem Geschäft gibt es Garantie.“

„Du kannst einen neuen Hund haben, Meister“, sagte Kupczyk. „Aber nur gegen Bares. In drei Wochen kann der neue Wurf übergeben werden.“

„Ich will Ersatz.“

„Nein. Ich verkaufe nur. Verschenken tun die Engel.“

„Du bist ein zäher Hund, Kupczyk. Von wo stammst du, dass du so hartherzig sein kannst?“

„Bessarabien.“

„Wo ist denn das?“

„Da wo man keine Hunde verschenkt. Höchstens schlachten.“

Eine Weile sagte keiner ein Wort.

„Geh, Kupczyk“, sagte der Mann. „Das ist doch nicht dein Ernst?“

„Du musst es ja nicht glauben“, erwiderte Kupczyk. „Hättest du einen Dalmatiner gekauft, dann wäre die Mimose schon beim ersten Knall tot umgefallen.“

„Ich werde dich nicht weiterempfehlen“, sagte der Mann. „Deine Vergleiche hinken, und deine Hunde sterben viel zu früh.“

„Ich würde sagen“, grollte Kupczyk, „du machst dich schleunigst vom Hof. Such dir einen anderen Züchter. Deine verweichlichten Ohren sind nichts für meine Hunde.“

Er drehte sich um und ließ den Mann einfach stehen. Nach wenigen Minuten hörte man, wie der Motor eines Autos angelassen wurde, und dann fuhr ein grüner Wagen auf die Landstraße.

Kupczyk saß in der Küche. Er hob die Gardine leicht an und ließ sie sofort wieder fallen.

„Wer war denn das?“, fragte seine Frau. „Hattest du Ärger mit ihm?“

„Ach lass man, Lisa“, entgegnete Kupczyk. „Das war so ein Möchtegern-Jäger. Neureich, protzig, mit mehr Geld als Verstand. Was er schießt, kommt in seinem Hotel auf die Speisenkarte. Und wenn er einen Dackel will, keinen Vorstehhund, dann kommt er sowieso wieder. In zwei Wochen, wenn der neue Wurf so weit ist. Ich müsste mich schon schwer täuschen.“

„Du machst das schon“, sagte die Frau und entfernte sich.

Kupczyk hörte, wie sie im Nebenraum das Bügelbrett auseinander klappte. Gleich darauf zischte es, immer wieder. Er fühlte, wie der gleichmäßige Ton ihn einschläferte, und da genehmigte er sich einen Weinbrand, vor dem zweiten. Es war ihm wohl zu Mute, als er danach seine Hunde betrachtete. Goethe kam angerannt und beleckte seine Hand, und er kraulte ihn hinter den Ohren.

Am Abend besuchte er Elvira, die sich ins Privatleben zurückgezogen hatte. Der Besitzer des Knusperhäuschens war der Kindsvater ihrer Tochter.

Im Sommer des darauffolgenden Jahres kränkelte Lisa, seine Frau. Es war nichts Ernstes, nur ein ständiger Husten. Sie gingen nun beide auf die Siebzig zu, und einen Arzt hatten sie eigentlich noch nie gebraucht. Lisa hustete, immer stärker. Kupczyk, der neben ihr lag und die Decke anstarrte, konnte kaum noch von geregeltem Schlaf sprechen. Er seufzte tief, und sie röchelte. Auf einmal, Kupczyk fühlte es, war sie tot.

Der Arzt, ein mittelgroßer Mann, der sich ständig am Kopf kratzte, untersuchte Lisa und befeuchtete mit der Zunge seine Lippen. Er holte den Totenschein aus seiner schwarzen Tasche, setzte sich kurzfristig auf das andere Ehebett und dann doch auf einen Stuhl, den ihm Kupczyk neben einem kleinen Tisch zurechtschob. Bevor er jedoch zu Schreiben anfing, forderte er die Personalpapiere, und als er die in der Hand hielt, klickte der Kugelschreiber.

„Kupczyk, geborene Kupczyk", sagte der Arzt beim Schreiben.

Kupczyk sagte kein Wort.

Der Arzt zögerte, zeitlupenartig, und das Schreiben wurde immer langsamer.

„Ihre Frau ist eine geborene Kupczyk?", fragte der Arzt.

„Eine geborene Kupczyk", wiederholte Kupczyk.

Der Arzt runzelte die Augenbrauen.

„Das ist aber seltsam", sagte er. „Mann und Frau mit dem gleichen Geburtsnamen. Bei Schröder, Müller, König ist das ja möglich ... aber Kupczyk?"

„Na ja", stotterte Kupczyk. „Sie ist ..."

Der Arzt hatte erneut zu Schreiben angefangen. Jetzt kreuzte er an.

„Ja?"

„Lisa Kupczyk ist nicht meine Frau", sagte Kupczyk entschlossen. „Sie ist meine Schwester."

Der Arzt hob ruckartig den Kopf hoch.

„Wie bitte? Was sagen Sie da? Ihre Schwester?"

„Ja. Lisa ist meine Schwester."

„Aber Sie leben doch hier schon seit Jahren zusammen. Und wenn ich mir das richtig betrachte, so ist das ein Ehebett. Ein Bett für ein angetrautes Ehepaar."

„Na und?"

„Wie na und? Sie finden nichts dabei?"

„Wo soll ich was dabei finden? Ich denke, Doktor, Sie sind gekommen, um den Totenschein auszustellen.?"

„Ich bin gekommen, um einen natürlichen oder unnatürlichen Tod festzustellen. Und ob ein Fremdverschulden vorliegt. Aber nach den Umständen hier ... Ich werde die Behörden benachrichtigen müssen, dass Sie mit Ihrer Schwester ..."

„Was ist mit mir und meiner Schwester?"

„Herr Kupczyk", sagte der Arzt ungehalten, „es sieht ganz danach aus, als ob sie mit Ihrer Schwester in einer eheähnlichen Gemeinschaft gelebt haben. Und das ist bei uns, nach dem Gesetz, strafbar."

Kupczyk starrte dem Doktor fest in die Augen.

„Wenn Sie die Behörden benachrichtigen müssen, dann bitte", sagte er. „Was können die mir schon nachweisen? Was, Doktor, sagen Sie es mir? Ist es etwa verboten, neben seiner Schwester zu schlafen? Wird das bestraft?"

„Das nicht."

„Na also."

„Ich setze ein Schreiben auf. Sollen sich andere darum kümmern."

„Sie bringen einen Stein ins Rollen, der nicht rund ist", sagte Kupczyk. „Sie werden sich als Oberverdachtschöpfer lächerlich machen. Ihre Aufgabe ist es, ein Fremdverschulden auszuschließen. Warum stehen Sie sich selbst im Wege?"

„Ich darf doch wohl bitten, Herr Kupczyk“, sagte der Arzt. „Außerdem entscheide ich ganz alleine, was ich tun werde.“

„Entscheiden Sie, entscheiden Sie“, sagte Kupczyk. „Ich warte.“

Der Arzt kratzte sich am Kopf und dann befühlte er seine Nase.

„Wenn ich es mir recht betrachte“, sinnierte er vor sich hin, „bringt eine Obduktion gar nichts. Wahrscheinlich wird der Staatsanwalt die auch gar nicht anordnen. Und Zeugen? Vergebens. Wissen Sie was, Kupczyk, ich nehme an, dass Sie Unrecht getan haben. Aber das müssen Sie mit Ihrem eigenen Gewissen abmachen. Ich beurteile nur das Medizinische, und das ist ein natürlicher Tod.“

„Also keine Obduktion?“

„Keine Obduktion.“

„Das ist ein Wort, Doktor. Und sicher im Sinne meiner Schwester. Sie war so gut im Leben zu mir. Ich werde ihr ein würdiges Begräbnis bereiten.“

Der Doktor unterschrieb, trat hinaus aus dem Haus, und die Hunde kläfften. Er fühlte sich mies, weil da etwas nicht stimmte. Aber der Kerl hatte recht, nie im Leben würden die ihm etwas nachweisen können. Und so gesehen ... Ach was, folgerte er, sollen es andere merken und sich darum kümmern – oder auch nicht. Er hatte jetzt Feierabend.

DER ABRISS

Die verdammten Drecksäcke ließen alles verrammeln. Kaum war der letzte Mieter raus, erschien ein Trupp Maurer und verputzte bis in die zweite Etage alle Fenster mit weißen Ziegelsteinen. Die halb unter Straßenniveau gelegenen Kellerschächte vernagelte man von innen mit dicken Bohlen. Sogar die Eingangstür wurde zugemauert.

Wir hatten das alles schon eine geraume Zeit beobachtet. So wie andere Menschen sich an der Natur und der Landschaft erfreuen, so beobachteten wir jede Veränderung in der Stadt. Es war für uns lebenswichtig, jede Kleinigkeit zu registrieren, denn den Jahreszeiten und der Witterung mussten wir häufig unseren Tribut zollen. Und das war so ein schönes Haus, mit Gründerfassade und Stuck in den Abschlüssen.

Zuerst dachten wir an Konkurs, Pleiten, als die ersten Geschäfte dicht machten und verschwanden. Dann standen plötzlich die Mietwohnungen in den oberen Etagen leer, eine nach der anderen, auch wenn noch einige vergilbte Gardinen schlaff herunterbaumelten. Die Fischbratküche hielt sich, fabrizierte Goldbarsch und Seelachs und Kartoffelsalat, der im Keller zusammengerührt wurde. Doch auf einmal hieß es, die Fischbratküche geht auch, und so war es dann auch, bevor die Maurer mit ihren Steinen kamen.

Alle, die ich so kannte und die sich Berber nannten, bedauerten diese Attacke der Drecksäcke, wer auch immer das war. Wir konnten verstehen, dass die keine Leute in ihrem Gebäude haben wollten, aber verstehen und verfluchen waren zwei Dinge. Und natürlich verfluchten wir dieses Volk, dass unsere so geringen Bedürfnisse massiv zu unterdrücken versuchte.

Zu eben diesem Zeitpunkt war ich in einem Supermarkt jener Kette, die im gesamten Land verstreut ist. Ich hatte eine Flasche Klaren in der Hand und traf an der einen geöffneten Kasse auf eine ziemlich lange Schlange von Menschen, die ihre eingekauften Waren bezahlen wollten. Draußen war herrliches Wetter, die Sonne schien, und ich war unruhig, weil ich mich unbedingt auf eine Bank im nahen Grünstreifen setzen wollte. Ich reckte mich und stellte mich kurz auf die Zehenspitzen.

„Geht es da vorne nicht ein bisschen schneller?“, rief ich laut. „Ich habe keine Zeit. Ich bin Alkoholiker.“

Alles drehte sich um. Nach einer Weile wieder zurück. Nur ein großer kräftiger Kerl schaute noch immer zu mir hin.

„Halt deinen Mund, Kralemann“, sagte er scharf und schneidend.

Und jetzt erkannte ich ihn. Es war ein Bulle vom hiesigen Revier, der mich genau kannte und mit dem ich schon des Öfteren zu tun hatte. Ich glaube, der hatte mich auch einmal für eine Nacht im Gewahrsam eingesperrt, weil ich mich in einem Zustand außerhalb der freien Selbstbestimmung befunden hatte. Na ja, so geschwollen, weil ich vielleicht ein oder zwei Korn zuviel getrunken hatte. Ich erinnerte mich dunkel, dass er mich am Oberarm gefasst hatte und sagte: „Kralemann, wenn ich nicht wüsste, dass du eigentlich ein friedlicher Kerl bist, dann müsste ich die Pulle Korn nehmen und sie in den nächsten Gullydeckel schütten.“

„Junge, tu das nicht“, sagte ich mit schwerer Zunge. „Tu das nicht.“

Der Bulle lachte, und sein Mund und die Lippen waren riesig groß.

Und jetzt stand er da und lachte nicht, und seine Augen waren wie eiserne Schraubstöcke, die mich und meinen ganzen Körper umschlossen.

„Ich meine man nur so“, sagte ich kleinlaut.

Der zivile Beamte sagte kein Wort mehr, bezahlte und ging. Nachdem ich meinen Korn bezahlt hatte, schaute ich mich draußen sofort um, ob er auf mich wartete, aber das schien nicht der Fall zu sein. Meine Bank im Grünen war mir also gewiss.

Während ich meine Schritte dorthin lenkte, dachte ich darüber nach, dass es nicht gut sei, sich mit den Bullen über Gebühr anzulegen. Wenn die einen einmal auf dem Kieker haben, machen die einem das Leben zur Hölle. Denkt man, jetzt hat man Ruhe, schon stöbern sie einen auf, kontrollieren, wollen Ausweise, obwohl sie einen ganz genau kennen und erst vor einer Stunde die gleiche Prozedur bereits durchgezogen haben. Nicht eine Flasche Bier kann man in Ruhe trinken, wenn die hinter einem her sind. Bescheidenheit und Unterwürfigkeit macht sie ein bisschen hilflos, knabbert an ihrer Macht, die dann ins Leere verpufft. Wenn sie weg sind, kann man ja immer noch „Scheißbullen" murmeln, aber nicht so, dass sie es hören.

Etwa eine Woche nach meiner Begegnung mit dem zivilen Beamten hatte man das verrammelte Gebäude geknackt. Wie ein Lauffeuer verbreitete sich die Nachricht, dass die Bohlen an einem Kellerfenster nachgegeben hatten. Man musste in den Kellerschacht hineinkriechen, rudernd den Körper vorschieben, und wenn man drin war, die Bohlen wieder vorlegen. So war man sicher und niemand ahnte, dass sich Personen im Inneren aufhielten. Außerdem lag das Kellerfenster verschachtelt dicht neben einem anderen Gebäude, beinahe versteckt.

Nacheinander trafen sie alle ein: Schmalzbacke, Rosten-Willi, Marion, Hilde, Gregor. Es waren auch noch andere da, die ich vom Sehen her kannte, aber ihre Namen wusste ich nicht. Brauchte ich auch nicht, weil wir ‚du' sagten oder „He, Alter".

Die Räume in dem Gebäude waren ziemlich leergefegt, aber bei der Suche in allen Zimmern wurde doch noch das eine oder andere gefunden. Nach und nach kamen alte Schränke, Kommoden zum Vorschein. Da stand ein Beistelltisch, dort ein Bettgestell, und Matratzen mit leichten Rändern waren auch noch vorhanden. Wir fanden eine Spanische Wand und im Keller einen alten Kanonenofen, in dem sogar noch das Ofenrohr steckte. Und einmal angefangen, transportierten wir den Krempel in die dritte Etage, wo auf der großen Fläche alles aufgestellt und sozusagen möbliert wurde. Und, was wichtig war, die Fenster waren nicht zugemauert. Ein wunderbarer Blick bei Nacht mit den Leuchtreklamen.

Marion erhielt ein wenig Intimität und als Schutz die Spanische Wand neben ihrem Bett, aber das war eigentlich ein Witz, denn zu Marion konnte jeder hin, der wollte und dem danach war. Aber manchmal war auch Marion zickig. Sie fluchte dann wie ein Kesselflicker.

Nach kurzer Zeit hatten wir eine einfache, aber brauchbare Wohngemeinschaft zusammengestellt, wo jeder seinen Schlafplatz und eine zugewiesene Stelle in einem Schrank besaß, wo er seine Lebensmittel aufbewahren konnte. Alkohol war Privatsache, den nahm man mit nach draußen und kam damit zurück. Hier lagern, das war Anleitung zum Diebstahl und viel zu gefährlich.

Wir verließen tagsüber das Gebäude und kamen bei Dunkelheit zurück. Da Strom und Wasser abgestellt waren, stellten wir Kerzen auf, die ein heimeliges Licht verbreiteten. Für die Bedürfnisse der Blase gingen wir in den Keller, wo noch ein Abfluss war. Allerdings bin ich mir ziemlich sicher, dass das nicht jeder einhielt.

Als es wieder Herbst zu werden begann und die kühle Luft an den Gebäuden emporkroch, zündeten wir unseren Kanonenofen an, den wir fachmännisch angeschlossen und abgedichtet hatten. Beim ersten Mal gab es einen Puff und viel Rauch, aber bald loderte die Flamme zur Freude aller, die sich eingefunden hatten. Jeder trank, wie es ihm schmeckte, und zuweilen machte auch eine Flasche Korn die Runde. Wer schlafen wollte, zog sich zurück, und wer nicht wollte, stierte Marion an. Hilde war nicht frei, die hatte Schmalzbacke.

Da wir für unseren Ofen Heizmaterial benötigten, Kohlen jedoch weder bezahlen noch hierher transportieren konnten, sammelten wir jedes verfügbare Stück Holz, das sich im Haus befand, auf. Als aber alles zur Neige ging, besorgte jemand einen Kuhfuß und wir begannen, das Treppengeländer abzubauen. Ein kräftiger Schlag genügte, und schon gab das knochentrockene Holz nach. Es brannte mit dem Lack wunderbar, und der Lack perlte gequält und röchelte. Der Winter war noch nicht ganz vorbei, da gab es im ganzen Treppenhaus kein Geländer mehr.

Inzwischen hatte die Polizei unseren Aufenthaltsort ermittelt. Sie waren ganz unruhig geworden, als sie uns des Nachts nicht mehr finden konnten. Ob sie regelrecht auf uns angesetzt waren, weiß ich nicht, aber plötzlich erschienen sie auf der Bildfläche, wobei sie natürlich auch nur durch das Kellerfenster hineinkriechen konnten. Meistens kamen sie tagsüber, wenn kaum jemand von uns im Haus war, aber manchmal kamen sie auch bei Dunkelheit. Wir hörten sie die Treppe heraufkommen und sahen ihre Taschenlampen, die die Wände entlanggeisterten.

Wenn ich auch nicht ein Freund der Polizei bin, so muss ich nun doch feststellen, dass sie in unserem jetzigen Fall keine Schikanen an uns exerzierten. Sie ließen unsere Lebensmittel, wo sie waren, sie durchwühlten nichts. Sie lachten sogar über das verheizte Treppengeländer und lobten unsere spartanische Lebensweise bei Kerzenlicht.

An einem Morgen im März wachten wir schwer auf. So schwer, dass die Stunden des Tages erst die Erlösung bringen konnten. Mit kalten Knien und kalten Füßen stiefelten wir die Treppe hinunter. Vom Treppenpodest in der ersten Etage aus sahen wir, dass unten im Hausflur etwas lag, und als wir näher kamen, erkannten wir Willi, unseren Rosten-Willi, der früher schon mal unter einer Roste mit warmer Luft geschlafen hatte.

Willi rührte keinen Finger. Er lag da mit offenen, erstaunten Augen, als habe ihn die Glasscherbe in seiner Schläfe erschreckt. Das Blut war ihm über die Wange gelaufen und erstarrt. Offensichtlich hatte Willi die Orientierung verloren und war von oben aus in den Hausflur gestürzt.

Willi war tot und kalt, und da wir ihn hier nicht liegen lassen wollten, sagten die anderen, dass ich die Polizei einschalten solle, damit wir keine Weiterungen von ihnen erfahren müssten.

Zunächst war man ungläubig, schickte dann aber einen Streifenwagen und danach das ganze Programm: Feuerwehr, Notarztwagen, Kripo. Die Feuerwehr schlug mit Vorschlaghämmern die vermauerte Eingangstür ein, und die Kripo sicherte den Tatort, wenn da überhaupt noch was zu sichern war. Ein Bestatter kam und nahm Willi mit.

Ich fror, denn die Sonne hatte jetzt im März noch nicht die Kraft zum Erwärmen, und nach einer Weile kam ein Kripobeamter auf mich zu und blieb stehen.

„Na Kralemann, was ist passiert?“, fragte er.

„Sie kennen mich?“

„Wer kennt nicht Kralemann“, erwiderte er. „Besonders deinen Vater. Der war doch Stadtteil-Bürgermeister.“

„Ist schon lange her“, sagte ich.

„Na, so lange nun auch wieder nicht“, meinte er. „Ich kann mich noch gut erinnern, wie er immer das Schützenfest eröffnete.“

„So?“

„Ein feiner Mann, dein Vater“, sagte der Beamte. „Ein wirklich feiner Mann.“

Er plauderte noch ein paar Sätze mit mir und kam dann zum Kern, ob jemand wohl Rosten-Willi hinuntergestoßen haben könnte.

„Nie im Leben“, sagte ich. „Wir waren angeschickert und schliefen wie die Bären. Ich weiß nicht, was Willi vorhatte. Vielleicht musste er mal.“

„Wer hat das Treppengeländer abgebaut?“

„Wir alle. Wir brauchten Heizmaterial. Ich denke, der Laden wird sowieso abgerissen.“

„Illegal wart ihr da drin", sagte der Beamte. „Nicht umsonst hat man alles zugemauert."

„Schlimm genug", sagte ich.

Der Beamte war ein großer Kerl in mittleren Jahren mit blondem Haar. Er zuckte mit der Schulter.

„Wie man's nimmt", sagte er, und dann: „Pass auf, Kralemann. Im Augenblick ist das hier für uns erledigt. Wenn noch etwas sein sollte, werde ich dich vorladen. Hast du eine Adresse, wohin ich die Vorladung schicken kann?"

„Postlagernd bei der Stütze", sagte ich schnell.

„Okay", sagte er und ging.

Es war noch am gleichen Tag, als eine Kolonne Maurer erschien und die Eingangstür wieder zumauerte. Wir dachten zunächst noch, wenn die fertig sind, können wir wieder hineingehen, aber das war ein grober Irrtum, denn im Nullkommanix hatten sie die Kellerschächte ebenfalls zugemauert. Wir hatten keine großen Wertsachen oben, doch ärgerlich war es allemal. Das bisschen Essen, die Kerzenstummel, wir hatten schon schlimmere Niederlagen einstecken müssen.

Und kaum war dieser Tag beendet, rollte zwei Tage später die Abrissbirne heran. Wir sahen das runde Ding Stellung beziehen und waren erstaunt, wie schnell zwischen Zumauern und totaler Zerstörung in den Behörden gearbeitet worden war. Viel schneller als man seinen Ausweis verlängern kann.

Die Birne holte aus, gab sich den Schwung und krachte gegen die Außenmauer. Ein Meer von Staub und Krach und splitterndem Holz war der Untergang des Hauses der Berber, vordem Fischbratküche.

Lebenswichtig war es nun wieder für uns, jede Kleinigkeit im Stadtgetümmel zu registrieren, selbst die geringste Kleinigkeit, auch wenn der Frühling frisch vor der Tür stand.

DER FAHRER

Er fuhr mit seinem Chef in die Bekleidungsmetropolen des Rheinlandes und nach Frankfurt. Sein Chef hatte es immer eilig, und er raste so schnell es nur ging über den linken Fahrstreifen, während im Fond der Chef Tabellen durchging und gelegentlich gelangweilt aus dem Fenster schaute.

„Haben Sie das gesehen?", fragte der Chef. „Da ist schon wieder ein Laster die Böschung runtergefahren."

„Polizei war vor Ort", sagte er. „Und die Rettungskräfte auch."

Sie setzten ihre Fahrt in unvermindertem Tempo in diesem Wagen fort, der Komfort, Gediegenheit und ein hohes Maß an Technik bot. Natürlich war das Auto schnell, wahnsinnig schnell, mit dem einzigen Nachteil, dass der Treibstoffverbrauch enorm hoch ausfiel. Aber die Firma hatte eine eigene Betriebstankstelle, da kam es auf ein paar Liter mehr oder weniger nicht an. Außerdem waren das alles Unkosten, die der Buchhalter nur in die richtige Rubrik zu schreiben hatte. Ein Chef rechnet nicht mit Kleinigkeiten, der hat an große, wichtige Dinge zu denken. Dieser, sein Chef, hatte über dreitausend Mitarbeiter beschäftigt.

Er, Heinz Peek, der Fahrer, war holländischer Abstammung. Er war mittelgroß, hatte eine für sein Gesicht zu riesige Nase und lockiges, gewelltes, leicht nach Grau hin tendierendes Haar. Seinen Akzent hatte er fast abgelegt, man konnte es beinahe auch als Eigentümlichkeit oder Sprachfehler mit einem Kick nach ... aber da musste man streiken, denn diese kurzen Ausfälle ließen sich keinem Sprachidiom zuordnen.

Gekommen waren die Peeks mit Eltern und drei Kindern kurz nach dem Krieg. Ihnen wurde ein Behelfsheim am Rande des Waldes zugewiesen, wo auch drei aus Presspappe erstellte Nothütten standen. Baracken schlossen sich etwas weiter an.

Die Leute fragten sich nicht wirklich, warum Holländer hier waren und blieben. Man hatte eigene Sorgen, und die Peeks waren umgänglich, freundlich und arbeitsam. Einzig die Mutter tat sich mit der Sprache schwer. Sie erhielt sich zeitlebens ihren westfriesischen Akzent.

Der Vater arbeitete als Bügler beim Chef der dreitausend Mitarbeiter, und er war auch der Grund, warum es nicht zurück nach Holland ging. Sie wollten nicht und konnten vermutlich auch nicht, weil sie Repressalien befürchteten, denn der Vater hatte die deutschen Besatzer mit Informationen versorgt. Keine großen, weltumspannenden Dinge, einfach nur: Da sind Flugblätter der Kommunisten gedruckt, auf dem Schiff „Amstel" verladen und den Rhein aufwärts verschifft und in Duisburg gelöscht worden. Bevor die einzelnen Empfänger im Besitz der Drucksachen waren, wussten die Polizei und die Gestapo schon, in welchem Kleiderschrank sie versteckt werden würden. Vater Peek war Lademeister im Hafen von Rotterdam.

Auf den Polizeirevieren wurden die einzelnen Aktionen koordiniert und geplant, und der Leiter im „Eigen" lachte genüsslich.

„Übermorgen besuchen wir Josef L. Bei den Eltern im Kleiderschrank stecken die Blätter unter den Pullovern."

„Josef L.?", fragte ein anderer. „Ist das nicht der, der die Freundin vom Kaczmarek geheiratet hat, als der im Knast saß? Ehrenheirat unter Altkommunisten. Kaczmarek ist dann ja auch im Knast an den Motten gestorben."

„Genau der. Wohnt jetzt in Wellheim. Der ist eher im KZ, als er in Rheinbaben einfahren kann."

„Sollte das alles wirklich in der Grube verteilt werden?"

„Anzunehmen. Aber da sind dann ja noch wir."

Der Dienststellenleiter hatte hohe Schaftstiefel mit vielen Falten an. Die Falten warfen Schatten und das andere glänzte permanent aufdringlich. Er telefonierte noch schnell mit der Norbertstraße.

Es ist nicht verbürgt und keineswegs bewiesen, dass der Chef über dreitausend Mitarbeiter der holländischen Familie entgegenkam und sie unterstützte. Während der Zeit, die so schlimm wurde, hatte er seine Firma auf Rüstung umgestellt und dafür die goldene Fahne erhalten. Der Arbeitsminister besuchte den werkseigenen Kindergarten an einem wunderschönen sonnigen Tag mit dieser knalligen roten Armbinde, die im scharfen Kontrast zur braunen Uniform und dem Grün der Bäume stand. Die Kinder stotterten leise ein Volkslied.

Noch in Holland begann Heinz Peek eine Lehre als Automechaniker. Da die Ereignisse sich aber überschlugen und im Reichswald schwere Gefechte mit Schrapnells in Baumhöhe und auf dem Erdboden stattfanden, war man der Front vorausgeeilt und in ländlicher Umgebung untergekommen. Zwar nur ein Behelfsheim, aber alle hatten sich einzuschränken, mussten Wohnraum, Zimmer zur Verfügung stellen.

Heinz Peek beendete seine Lehre in einer kleinen Autowerkstatt, die ihn auch übernahm und seiner Leidenschaft für Autos entgegenkam. Zufällig hatte die Werkstatt auch eine Spenglerei, und da er sich auch hier Grundkenntnisse aneignete, wusste er bestens über Rohre, Muffen und Spülsteine Bescheid. Das war der Beginn, als er im Behelfsheim die Installationen erneuerte, als Erster unter den Nachbarn.

Fast zwei Jahre fuhr er als Geselle mit dem Fahrrad bei Wind und Wetter in die kleine Stadt zur Arbeit. Zufällig hörte sein Vater davon, dass in der Autowerkstatt des Betriebes ein Mechaniker gesucht würde, und als sich Heinz bewarb, wurde er sofort angenommen. Man wollte nicht einmal den Gesellenbrief einsehen, vier Wochen Probezeit, dann würde entschieden.

Wie beiläufig knurrte der Werkstattleiter nach vier Wochen, er sei eingestellt. Heinz schaute hinter ihm her, als er in seinem Glaskasten verschwand. Es vergingen kaum sechs Monate, da trat der Werkstattleiter erneut an ihn heran und teilte ihm mit, dass der Alte ihn sprechen wolle. Heinz verstand nicht.

„Welcher Alte?"

„Der Chef natürlich."

„Chef?"

„Ja sicher. Der große Chef. Kein Bandleiter und kein Abteilungsleiter. Der große Chef, dem hier alles gehört. Du weißt, wer der Chef ist?"

„Lügst du mich auch nicht an, Kurt?" Heinz war vorsichtig. „So etwas wie die Seelenachse vom Getriebe, mit denen man die Lehrlinge ins Lager schickt?"

Der Werkstatleiter war ein kleiner Mann mit Glatze. Er schaute oft mürrisch drein, aber das nur deshalb, weil er keine Lust zum Sprechen hatte.

„Der Alte sucht einen Fahrer", sagte er jetzt. „Ich habe dich vorgeschlagen."

„Wie bitte?"

„Geh rauf. Melde dich an. Alles Weitere erfährst du vor Ort."

Die Büroräume und Flure im Verwaltungsgebäude waren mit dicken Teppichen ausgelegt. Es herrschte eine Vornehmheit und Gediegenheit, dass es Heinz beinahe den Atem nahm. Im Gegensatz zu einer Autowerkstatt herrschte hier Luxus pur. Vorbeischreitende Personen grüßten, und die bespannten Wände dämpften und schluckten den Schall. Man ging wie auf Tannennadeln in guter gefilterter Luft. Der Sekretär hatte einen Schmiss und trug eine dünne, mit Gold eingefasste Brille.

„Warten Sie einen Moment", sagte er und verschwand hinter einer gepolsterten Tür. Wenige Augenblicke später kam er zurück und hielt die Tür geöffnet. Heinz folgte der Handbewegung und trat ein. Lautlos schloss sich die Tür.

„Ah, Sie", sagte der Chef und kam hinter seinem riesigen Mahagonitisch auf ihn zu. Während er ihm die Hand gab, bat er ihn, in dem Lederstuhl vor dem Schreibtisch Platz zu nehmen. Er selbst ging zurück zu seinem Ledersessel und setzte sich. Heinz musste in das helle Licht des großen Fensters schauen.

Der Chef war ein mittelgroßer Mann von kräftiger Statur. Er hatte eine hohe Stirn und Geheimratsecken. Seine Nase war knubbelig und das Kinn zeigte den Ansatz, doppelt zu sein. In einem Aschenbecher kräuselte leichter Rauch aus einer Zigarre gegen den Plafond. Der Chef rührte während ihres Gespräches die Zigarre nicht an.

„Hat Ihnen Heidemann gesagt um was es hier geht?“, fragte er.

„Ja schon. Sie suchen einen Fahrer.“

„Richtig. Einen guten Fahrer. Mein alter Fahrer hat es mit dem Herzen bekommen. Sind Sie ein guter Fahrer?“

„Ich weiß nicht“, gab Heinz kleinlaut zu verstehen.

„Keine falsche Bescheidenheit“, sagte der Chef. „Heidemann hat Sie vorgeschlagen. Sie sollen ein sehr guter Fahrer sein.“

„Hat Kurt ... ich meine, hat Herr Heidemann das gesagt?“

„Und noch mehr.“ Der Chef lächelte zum ersten Mal leicht. „Sie sollen sogar ein schneller Fahrer sein.“

„Na ja.“

„Heidemann hat gesagt, dass Sie Autorennen fahren. Was für Autorennen sind das?“

„Bergrennen. So auf Vereinsebene.“

„Und wo?“

„Im Weserbergland, auf der Gauseköte.“

„Haben Sie ein eigenes Auto für diese Rennen?“

„Nein, nein, wo denken Sie hin. Das Auto gehört dem Verein.“

„Aber Sie haben schon gewonnen, nicht wahr?“ Der Chef fixierte ihn scharf.

„Ja, zwei Mal.“

„Sehen Sie.“ Der Chef klopfte leicht auf den Tisch.

„Dann sind Sie mein Mann. Was ich brauche, ist ein schneller, loyaler Fahrer, der mir Tag und Nacht absolut ergeben ist. Sie sind Junggeselle?“

„Ja.“

„Trauen Sie sich das zu?“

Heinz überlegte scharf. Er musste schnell zu einem Entschluss kommen, doch so schnell konnte er nicht denken, wie das hier erforderlich gewesen wäre. Er zögerte.

„Passen Sie auf, Herr Peek“, sagte der Chef in das Schweigen. „Gehen Sie vorne zu meinem Sekretär und besprechen Sie die Einzelheiten des Vertrages. Es wäre mir recht, wenn Sie so schnell wie möglich anfangen würden. Sie gefallen mir auf ihre Art. Ich hoffe auf eine gute Zusammenarbeit.“

Wie auf ein unsichtbares Zeichen trat der Sekretär ein und nahm ihn mit in das Vorzimmer. Heinz hatte nicht bemerkt, dass der Chef ihn gerufen hatte.

Der Vertrag war klar, umschrieb so einiges und verlangte absolute Loyalität dem Chef gegenüber. Der Fahrer hatte zu sehen, zu schweigen, die Betriebsgeheimnisse zu wahren. Er war wie ein Butler mit Fahreigenschaften, immer präsent, immer freundlich, niemals hatte ein Widerspruch zu erfolgen. Was der Chef erkaufte, war ein gut bezahlter und gut geölter Mitarbeiter, der keine dummen Reden von sich gab oder zotige Fernfahrersprüche.

Im Vertrag, den Heinz unterschrieb, waren die Worte etwas anders gesetzt, verklausulierter, aber gemeint war es wie oben. Heinz hatte fest vor, den Chef nicht zu enttäuschen.

Stets hatte er jetzt diesen piekfeinen grauen Anzug an, wo man an dem gebügelten Hosenbein entlangschießen konnte. Schlips, Mütze mit Kokarde und seidenweiche graue Lederhandschuhe, dazu glänzend schwarze Schuhe, vervollständigten sein weiteres Äußeres. Alles von der Firma gestellt, sogar die moderne Sonnenbrille mit der Applikation einer Raute. Wenn er über den Hof oder durch die Firma ging, wussten alle, dass er der Fahrer vom Alten war. Ein Privilegierter, jemand, der ganz dicht an den Schaltkreisen der Macht schnupperte, und wenn er auch nicht wirklich das Geschehen beeinflusste, sein Ohr war näher dran als das irgend eines anderen.

Er besuchte seine ehemalige Werkstatt, und die Kollegen behandelten ihn respektvoll, wechselten sofort die Kerzen oder das Öl, wenn er es wünschte. Wer konnte ahnen, was er dem Chef alles stecken konnte. Die Werksfahrer der Busse, die die Mitarbeiter und Mitarbeiterinnen aus der näheren Umgebung in das Hauptwerk fuhren und zurückbrachten, behandelten Heinz wie einen Vorgesetzten. Obwohl beim Du, nahmen sie sich weiter keine Frechheiten heraus.

Heinz blieb allen gegenüber höflich und freundlich. Er ließ mit keiner Silbe oder Geste erkennen, dass er sich für etwas Besseres hielt.

Im fünften Jahr ihrer Zusammenarbeit, als sie gerade im Rheinland waren, kündigte der Chef einen Verhandlungsmarathon an, der von heute bis morgen gehen würde. Die Nacht über, sicher auch noch länger. Er könne, wenn er wolle, sich ja einmal die Altstadt ansehen, ließ der Chef verlauten.

Im Gegensatz zur Provinz, aus der sie kamen, war die Großstadt ein leuchtender Bilderbogen. Aus den Gaststätten drang Musik, jede Art von Musik, und die Menschen strömten herein und heraus in das Lichtermeer der blinkenden Farben. Die Stimmen der Frauen lachten hell, und die Männer brüllten und schlugen sich auf die Schenkel. Heinz bestellte sich das erste Bier in einem Lokal, das so eng war wie eine Konservendose. Der dicke Rauch ließ nur eine eingeschränkte Sicht zu, und hinter den Rauchschwaden, auf blankgescheuerten Brettern, übertönte eine Band das Gewusel der sich wild überschlagenden Stimmen.

„Wer spielt da?“, fragte Heinz einen Nachbarn.

Der schaute ihn herablassend und blasiert an.

„Feetwarmers“, lautete es verächtlich. Mit der rechten Hand schlug er im Rhythmus der Musik auf den linken Handrücken. Kamen Triolen, tanzten die Finger wie auf einer unsichtbaren Klaviatur.

Es blieb nicht bei einem Bier, es kamen auch noch der eine oder andere Schnaps hinzu. Gelöst von allem, fand Heinz das Leben wunderbar. Eine Leichtigkeit nahm von ihm Besitz, wie er das nicht für möglich gehalten hätte. Er wusste alles, er konnte alles, die Welt hatte nur auf ihn gewartet. Wieso machten sich die anderen das Leben bloß so schwer?

Er lachte leise und nahm sich ins Hotel zurück ein Taxi.

Als der Portier ihm den Zimmerschlüssel überreichte, sagte er: „Der Chef wartet auf Sie in der Lobby.“

„Mein Chef?“, fragte Heinz, sofort unsicher und voller Unbehagen.

„Dort hinter dem großen Pfeiler“, sagte der Portier. Er wies mit der Hand in die Richtung.

Der Chef saß rauchend und verstimmt in einem riesigen Ledersofa, das ihn fast darin verschwinden ließ. Stirnrunzelnd schaute er auf, als Heinz sich näherte.

„Peek, wo bleiben Sie denn?“, kamen scharf und schneidend die ersten Worte. „Ich warte hier schon eine Stunde. Ich muss sofort nach Hause zurück.“

„Ja, Chef“, stotterte Heinz. „Aber Sie sagten doch, ich dürfe in die Altstadt gehen. Vor morgen ...“ Es fiel ihm schwer, sich so schnell und genau zu konzentrieren.

„Papperlapapp“, fuhr der Chef ihn an. „Können Sie nicht mehr Auto fahren? Sie schwanken mir so komisch.“

„Schwanke komisch“, wiederholte Heinz grundlos.

„Haben Sie etwa Alkohol getrunken?“ Die Frage war unerbittlich.

„Jawohl, Alkohol“, sagte Heinz. „Zwei, drei Alt. Mehr aber nicht.“

Die Stimme tönte ihm schwer in den Ohren und auf der Zunge.

„Erzählen Sie mir doch nichts“, sagte der Chef. „Ich sehe, wie Sie schwanken. Gehen Sie ins Bett. Ich werde mir einen anderen Fahrer besorgen. Melden Sie sich, wenn Sie wieder nüchtern sind, bei meinem Sekretär. Sie waren immerhin im Dienst.“

Die Nacht lag schwer wie Stein auf seinem Inneren. Die Autobahn peinigte seine Träume, und Haar und Stirn waren kalt und feucht. Er wälzte seinen Körper in dem Hotelbett, das sich weich an seine Feuchtigkeit schmiegte. Schon bevor er richtig wach war, trat ihm sonnenklar alles vor die Augen, gleißend, schmerzlich, unwiederbringlich.

Als der erste Fuß die Dielen betrat, schoss die Kälte vom Zeh bis in die winzigen Windungen seines Gehirns. Er hätte über sich selbst weinen mögen.

Vom Portier erhielt er die Auskunft, dass sein Chef mit einem angemieteten Fahrer sofort abgefahren sei, eine halbe Stunde später vielleicht. Nein, keine weiteren Nachrichten, keine Instruktionen.

„Und was soll ich jetzt tun?“ Heinz war völlig verzweifelt.

Der Portier ließ ein kaum merkbares Lächeln über seine Lippen gleiten und hob leicht die Schultern.

„Ja, danke“, sagte Heinz, als er keine Antwort erhielt.

Er nahm sein Handgepäck, schlurfte zum Bahnhof und nahm den nächsten Zug.

Der Sekretär schaute kurz über seine Goldbrille, als er das Vorzimmer betrat. Er telefonierte zu Ende mit „Ja, denke ich doch, bleibt dabei“, und zeigte ihm einen Stuhl. Der Schmiss auf seiner Wange leuchtete blau und rot. Nach dem Telefonat übergab er ihm ein Schreiben, das auf Qualitätspapier mit Wasserzeichen geschrieben war. Heinz las, und sein Kopf glühte.

„Fristlos?“, stammelte er. „Aber ...“

„Räumen Sie bitte sofort Ihren Schrank aus“, sagte

der Sekretär. „Ihre Uniform geben Sie in der Kleiderkammer ab. Im Übrigen haben Sie ab sofort Hausverbot."

„Aber der Chef hat mir doch erlaubt, dass ich in die Altstadt gehe. Kann man nicht mit dem Chef darüber reden?"

„Der Chef diskutiert nicht", erklärte der Sekretär. „Er handelt. Sonst wäre er nicht der Chef."

„Herr ...!"

„Gehen Sie jetzt bitte", sagte der Sekretär eindringlich. „Ich habe auch noch andere Dinge zu erledigen."

Niedergeschlagen, enttäuscht und dem Weinen nahe verließ Heinz das Firmengelände. Er schloss sich in seinem Zimmer ein, lag auf dem Bett und starrte die Decke an. Nach einer Woche donnerte er mit dem Fuß gegen das Bettgestell und suchte trotzig eine Gaststätte auf. Geld hatte er noch, und der Alkohol lähmte das ganze vermaledeite Leben.

Er trank jetzt regelmäßig, und meistens viel. Und wenn er getrunken hatte, kam merkwürdigerweise in seiner Mundart ein unüberhörbarer holländischer Akzent durch. Was er jetzt an Freunden besaß, waren Trinkkumpane, manchmal für einen Abend, manchmal für ein paar Tage. Er ließ sein Geld in so mancher Gaststätte, um der Kontrolle durch einen Gastwirt zu entgehen und damit man nicht über ihn redete. Sein Rausschmiss hatte ohnehin alle rebellisch gemacht. Schade, sagte fast jeder. Heinz war nie unbeliebt gewesen, und dass er fahren konnte, wusste so mancher.

Lange drückte er sich vor aller Arbeit. Er mied, so oft es nur ging, Vorstellungsgespräche. Aber als dann das Arbeitsamt Druck auf ihn ausübte und die Bezüge streichen wollte, kam er in einer Firma unter, die Rohrstühle und Tische zusammenschweißte. Das machte er nun jahrelang.

Jeden Morgen fuhr er mit dem Bus in die Stadt. Er stand mit mehreren anderen abhängigen Lohnempfängern auf der hinteren Plattform und unterhielt sich über das Tagesgeschehen und was sonst so der eine oder andere zu berichten hatte. Sie kannten sich alle und ihren Job, der meistens schlecht bezahlt war und ihnen keine großen Sprünge erlaubte. Heinz hatte häufig eine Altfahne, die im Gehuste der Mitfahrer unterging. Stieg ein junges Mädchen ein, unterließ man dumme Bemerkungen, doch die Augen der Jüngeren und der Zukunft rollten vielsagend.

Heinz schaute keine Mädchen an, er war dumpf. Dicke dunkle Ringe unter den Augen zeugten von einem ständigen Alkoholkonsum.

Im Sommer des Jahres, der auf den Winter mit dem vielen Schnee und Minusgraden unter fünfundzwanzig folgte, sprach ein Mitfahrer Heinz auf die Rohrstühle an. Ja, er habe schon des Öfteren für andere Stühle gefertigt, gab Heinz zu verstehen.

„Könnte ich bei dir auch etwas bestellen?“, fragte der Mann, ein junger Mensch, gerade um die Zwanzig herum.

„Sicher, würde ich dir machen“, erwiderte Heinz.

„Und was kostet so etwas?“

„Nicht ganz billig“, sagte Heinz. „Verglichen mit dem tatsächlichen Verkaufspreis aber doch wieder billig. Und die Stühle und Tische sind stabil. Sie halten ein ganzes Leben.“

„Wirklich?“

„Verlass dich drauf. Die sind so gut wie unzerstörbar. Und was brauchst du?“

„Einen Schreibtischstuhl und einen Schreibtisch.“

„Ja! In welcher Farbe? Grün, Blau, Rot?“

„Rot. Du musst wissen, ich habe jetzt einen Kursus für kreatives Schreiben belegt. Da lernt man alles über die Schriftstellerei.“

„Meinst du, das kann man lernen?“

„Das sagen die. Mal sehen, was dabei herauskommt. Ich bin ja noch jung und habe das Leben vor mir. Wie lange wirst du zur Fertigung brauchen?“

„Drei Wochen. Ich bringe dir die Sachen zu Hause vorbei. Aber wir sehen uns ja jeden Morgen.“

Die Stühle wurden geliefert, aber Heinz bummelte. War zu Beginn der Rohrstuhlschweißerei der Wille zu Ordnung und Pünktlichkeit noch gegeben, so nahm dieses im Laufe der Jahre immer mehr ab. Heinz kämpfte mit sich und dem Arbeitsplatz, und dann war die Firma nicht mehr bereit, die ständigen Extravaganzen auszugleichen. Es folgte die erste Abmahnung, die zweite, und dann war Schluss, der Arbeitsplatz weg. Heinz zuckte nur mit der Schulter und suchte ein Lokal auf.

Wie beim ersten Mal schöpfte er voll das Kontingent der Unterstützung aus. Er merkte, wie gut es war, nicht zu arbeiten und trotzdem Bargeld zu besitzen. Wurde ihm ein Angebot gemacht, ging er erst gar nicht darauf ein. Der Mann auf dem Amt verzweifelte fast, und Heinz erfand immer wieder neue Ausreden, die es ihm unmöglich machten, gerade und genau diese Stelle anzutreten. Als der Bogen bis zum Zerreißen gespannt war, der Mann auf dem Amt die Streichung der Bezüge einleitete, gab Heinz nach und fing in einer Firma an, wo er Holzplatten zusammenkleben musste.

Das war so krankhaft wie Spargelstechen oder Erdbeeren pflücken, und Heinz machte die Arbeit wie eine Maschine, die Abends Alkohol tankt und tagsüber den Motor damit am Laufen hält. Von dem Mann, der er einmal im schicken grauen Anzug gewesen war, blieb nur die Hülle eines mageren Körpers, von dem man die Haut abziehen und zurückschnellen lassen konnte. Die blauen Adern drängten dick durch die Epidermis. Er atmete jetzt auch schwer, wie nach einem steilen Treppenanstieg.

Nach zwei Jahren war dann Schicht. Heinz gab die Arbeit auf, er wurde Frühinvalide. Irgend ein Arzt bescheinigte ihm die Arbeitsunlust und auch eine Krankheit, die sich verschlimmern würde, wenn er täglich arbeiten müsse. Psychisch sei er so labil, dass man befürchte, er könne sich etwas antun. Außerdem sei die Leber stark angegriffen. Von Metastasen sprach man noch nicht.

Wenn das Wetter es erlaubte, saß Heinz fortan am Waldrand unter den Bäumen auf einem klapprigen Stuhl mit Armlehnen, neben sich ein kleines Tischchen, auf dem stets eine Bierflasche stand, nicht immer voll, auch schon mal leer, und wenn er zu seinem Haus auf der anderen Straßenseite ging, tat er das, um einen Kurzen zu trinken oder das Leergut auszuwechseln. Er sprach wenig mit den Leuten, und die Zunge rollte oft schwer. Seine Augen waren rot und schälten sich langsam aus den Höhlen heraus.

Alle, die sich erinnern wollten und konnten, sahen ihn dort sitzen. Nicht einmal ein kleiner Regenschauer vermochte ihn zu vertreiben, denn das Blätterdach hielt schützend die Zweige über ihn gebreitet. Heinz, der Cheffahrer – schaut hin, was der Alkohol aus ihm gemacht hat! Ein feiner Kerl in den Klauen des Branntweins, das war aus ihm geworden. Die Leute registrierten alles und gingen ihrer Wege. Und wenn einmal der eigene Mann das Wirtshaus aufsuchen wollte – Spielersitzung, Skatabend oder nur so – waren die Belehrungen eindringlich, aber vielfach nutzlos, denn der Betroffene hörte kaum zu. Er nickte mit dem Kopf, aber das war auch alles.

Wir sehen ihn noch immer dort sitzen, den Heinz Peek. Er schläft ein, wird aber auch stets wieder wach. Wir wechseln den Standort, weil das Leben es von uns verlangt, und die Jahre tun ihr Übriges. Wir können gar nicht mehr zurückverfolgen, wer uns alles schon begegnet ist und im Nebel der Erinnerung verschwand. Und dann treffen wir nach vielen Jahren seinen jüngeren Bruder, der seinen Namen nennt und etwas von uns haben will. Vom Aussehen her hätten wir ihn nie erkannt, so kraus und bärtig und überhaupt nicht Heinz, und als wir nach Heinz fragen, winkt der Bruder einfach ab.

„Heinz ist schon lange tot“, sagt er. „Nach der Einäscherung kam er auf ein namenloses Feld. 42/III war es, glaube ich. Wenn es das heute überhaupt noch gibt.“

„Und woran ist er gestorben?“, fragen wir.

„Lunge, Leber, beides auf einmal. Er hat sich zum Schluss tüchtig gequält.“

„Ja“, sagen wir, weil sich alles andere erübrigt.

Feld 42/III. Namenlos. Wir haben es nie geschafft, dort vorbeizugehen. Obwohl der Nebel sich in diesem Falle doch gelichtet hat.

BECKSTRASSE ZWEIUNDZWANZIG

Kostecki hatte irgendwann die schiefe Bahn erreicht. Anfangs war er Schlosser, dann faul, und schließlich arbeitslos. Als so seine anfänglichen kleinen Betrügereien auffielen, fing er das Trinken an. Er war zu der Zeit verheiratet, hatte ein Kind, und die Ehe ging natürlich in die Brüche. Seine Frau wollte durch die Scheidung so richtig Geld aus ihm herausziehen, aber da drehte er den Spieß um und arbeitete einfach nicht mehr. Mangels Masse verliefen alle angestrebten gerichtlichen Titel im Sande. Kostecki verzichtete auf das Besuchsrecht für seine Tochter und sah sie dann auch erst wieder, als sie schon erwachsen war. Kostecki war kompromisslos einfach und richtig dickfällig.

Er war eigentlich kein unhübscher Mann, mittelgroß, mit schwarzen Haaren und einem kleinen Schnäuzer. Bevor ich ihn kennenlernte, hatte Kostecki wechselnde Partnerinnen, die ihn durch das Arbeitslosengeld, die Arbeitslosenhilfe bis zur Sozialhilfe begleiteten. Nach einigen Jahren war die lustige Zeit vorbei und er landete in der Unterkunft Zweiundzwanzig in der Beckstraße, zuerst allein, aber dann kam schon bald die Lebensgefährtin Waltraud mit Tochter. Waltraud trank auch Alkohol, aber nur so viel, dass sie sich fast noch unter Kontrolle hatte. Kennengelernt hatten sich die beiden in der Gaststätte „Zum Halbbreiten", schräg gegenüber vom Ostbahnhof.

Damals war ich vom Bürodienst in den Außendienst versetzt worden. Meine Firma verwaltete Grundstücke, Häuser, Ladenzeilen, das unterirdische Forum in der Innenstadt gehörte unter anderem auch dazu. Ich hatte unsere Häuser in der Beckstraße und das, was bis zur Bahnlinie dazugehörte, zu betreuen. Nach Norden bildete die Bundesstraße meine Grenze, mein Arbeitsbereich war alles außer die Bundesstraße selbst.

Ich war in Angelegenheiten für eine Mieterin unterwegs, die ich nicht angetroffen hatte, als ich Kostecki auf einer Bank hinter der Brüstung sitzen sah, die in ganzer Front die Vorderseite einnahm, sowohl im Erdgeschoss als auch in den beiden oberen Etagen. Kostecki saß in der rechten Ecke des durchgehenden Balkons, und er war durch Blumenkästen und so etwas wie eine Gummibaum-Attrappe verdeckt. Er schaute angestrengt, aber gelassen in meine Richtung, als ich die Freitreppe emporstieg.

„Guten Morgen", sagte ich.

„Moin", erwiderte Kostecki. Er blieb auf seiner Bank sitzen.

„Entschuldigen Sie", begann ich das Gespräch. „Kennen Sie sich in der Gegend hier aus?"

„Wie man's nimmt", antwortete Kostecki.

„Nun, ich meine, kennen Sie ihre Nachbarn, die Bewohner? Dort drüben zum Beispiel?"

Kostecki blickte mich nicht einmal finster, aber misstrauisch an.

„Polizei?", fragte er, nur das eine Wort. Er beäugte mich.

„Ach so", kam es schnell über meine Lippen. „Nein, nein, das nicht. Ich bin von der HGV. Haus- und Grundstücksverwaltung."

„Macht das der Winter nicht mehr?", fragte Kostecki. Er nahm mich jetzt von oben bis unten ab.

„Winter ist krank geworden", sagte ich. „Ich bin sein Nachfolger."

„Ständig?"

„Wie es aussieht, ja."

„Und was hat der Winter?"

Ich wusste nicht, ob ich das dem Mann sagen sollte, den ich erst vor wenigen Augenblicken kennengelernt hatte. Ich kannte Kostecki überhaupt nicht, wusste nicht, was ich ihm überhaupt anvertrauen konnte, obwohl ich es ja war, der von ihm etwas wissen wollte.

„Winter ist schwer krank", versuchte ich abzumildern.

„Sehr schwer?“

Ich nickte.

„Krebs?“

Ich nickte abermals und zwangsläufig.

„Kannten Sie Winter gut?“, fragte ich.

„Wir haben oft miteinander geredet“, sagte Kostecki. „Ich bin hier der Hausmeister, und Winter kam schon mal auf'n Bier vorbei. Brachte er immer mit. Die Grünen aus dem Norden.“

„Leider trinke ich keinen Alkohol“, sagte ich.

„Nein?“ Kostecki fixierte mich scharf. „Schade.“

Und so begann unsere lockere, unkomplizierte und einfache Zusammenarbeit. Hatte ich in der Beckstraße zu tun, sprang ich kurz bei Kostecki rein, und wenn er nicht da war, sprach ich mit Waltraud, die nervös an ihrer Zigarette kaute. Waltraud war unruhig wie ein junges Fohlen, das man auf die Weide getrieben hat. Ihr Blick wirkte irgendwie gehetzt. Sie sprach über ihren Lebensgefährten Kostecki mal gut und auch mal weniger gut, aber ihre eigene Meinung war: Was für Ansprüche konnte sie auch stellen? Sie zuckte nervös mit den Augen bei solchen Erklärungen.

Eines Tages traf ich Kostecki wenige Meter von dem Lebensmittelladen entfernt, der sich an der Hauptstraße befand. Kostecki trug eine Plastiktüte, und allem Anschein nach war auch etwas drin, denn er trug schwer an dem Ganzen.

„Du hast eingekauft?“, waren meine ersten Worte. Wir benutzten mittlerweile die vertraute Anrede. „Und schon so früh.“ Es war kurz vor neun Uhr morgens.

Kostecki lachte, wobei sein Schnäuzer mitzulachen schien.

„Von nichts kommt nichts“, sagte er.

„Und was hast du in der Plastiktüte?“, waren meine nächsten Worte. „Zeig mal her.“

Kostecki öffnete bereitwillig die Plastiktüte. Zigaretten und eine Flasche Weinbrand kamen zum Vorschein.

Ich schaute ihn zweifelnd an.

„Die Flasche ist um zehn Uhr alle", sagte Kostecki, als ich meinte, die Flasche wäre wohl die Tagesration.

„Echt?"

„Nen paar trinkt Meine mit", sagte Kostecki. „Der Rest ist für mich."

Ungefähr um diese Zeit war es auch, als Waltraud mir erzählte, dass Kostecki sie verprügele. Ich hatte an Waltraud schon des Öfteren ein geschwollenes Auge bemerkt, die Lippen waren blutig aufgeworfen, und als Kostecki eines Tages unterwegs war, klagte sie mir ihr Leid. Ich konnte ihr nur gut zureden, helfen konnte ich ihr nicht, denn sie wollte Kostecki nicht verlassen, wegen der Tochter, die vierzehn Jahre alt war und das Zimmer nach vorne zur Straße bewohnte.

Kostecki pegelte sich jeden Tag auf eine bestimmte Umdrehungszahl ein. Hatte er den richtigen Alkoholspiegel erreicht, setzte er sich auf seine Bank hinter der Brüstung und schaute die Beckstraße hinauf und hinunter. Da er der Kapo für die Hausnummer Zweiundzwanzig war, grüßte der eine oder andere zu ihm hinauf. Kostecki grüßte immer zurück, laut und vernehmlich

Ich weiß nicht, welcher Teufel Kostecki geritten hatte, als er eines Abends zwei Straßen weiter im betrunkenen Zustand das Fallrohr hinaufkletterte, um in die Wohnung der dort wohnenden Prostituierten zu gelangen. Er kam bis auf den Balkon, und als er an die Glasscheibe klopfte, rief Eva, sie hieß tatsächlich so, die Polizei. Kostecki musste sich viele Fragen stellen lassen, die Polizei war hartnäckig, aber als Eva keinen Strafantrag stellte, auch ein Schaden nicht entstanden war, tat man den Fall als den eines harmlosen, betrunkenen Irren ab. Kostecki schimpfte über die harten Polizeimethoden, dabei hatte man ihn lediglich zur Eigensicherung durchsucht, und was die Vernehmung betraf, da war Kostecki ein wenig schwindelig und die Polizei fragte hart, schnell und präzise.

„Und was wolltest du bei Eva?", fragte ich naiv.

Kostecki rollte mit den Augen und deutete schwach nach hinten, wo sich Waltraud in der Ecke an einem Bügelbrett zu schaffen machte. Er schüttelte leicht den Kopf.

„Der ist da bestimmt nicht raufgeklettert, um Domino zu spielen", sagte Waltraud. „Oder was meinst du?" Sie schaute mich an.

Ich zuckte mit der Schulter. „Oder Schach spielen", sagte ich.

Waltraud lachte einmal kurz und schallend.

„Nimm du ihn auch noch in Schutz", erwiderte sie. „Kostecki kann gar kein Schach spielen. Wollen und Können sind bei ihm zwei Paar Stiefel."

„Lass gut sein, Waltraud", lenkte Kostecki ein. „Du weißt, ich hatte getrunken. Irgendwie ist mir der Film gerissen."

„Hoffentlich reißt der Film dir nicht noch einmal", erwiderte Waltraud. „Die Bullen vergessen so schnell nichts. Können sie alles über Funk abrufen."

Ich erinnere mich, es war ein schöner Sommertag, als ich die Beckstraße entlangging und Kostecki von seiner Bank aufsprang und die Freitreppe zu mir auf den Bürgersteig hinunterkam. Er war aufgeregt und wütend, das sah ich ihm an, und er kam auch gleich zur Sache.

„Stell dir vor, ich soll wieder arbeiten", sagte er mit einem bösen Unterton in der Stimme.

„Wie?", fragte ich zweifelnd. „Du sollst arbeiten? Das kannst du doch gar nicht mehr."

„Meine ich auch. Ich kann gar nicht arbeiten."

„Und wo? Was sollst du machen?"

„An der alten Autobahnauffahrt hat die Stadt so ein Zentrum gebaut", sagte Kostecki. „Da soll ich hin. Fünf Mark die Stunde. Ziehen sie auch gleich von der Stütze ab."

„Und wenn du nicht hingehst? Fünf Mark die Stunde sind ein Hungerlohn."

„Ich muss erst hin." Kostecki wirkte richtig verzweifelt. „Sonst kürzen sie gleich die Stütze."

„Ach so", sagte ich.

Wenige Tage später traf ich ihn erneut, diesmal im Scholz-Markt.

„Und, wie läuft's?", redete ich ihn an. „Was macht der Job?"

„Sprich mich nur nicht darauf an", stöhnte Kostecki. „Eine Sauarbeit. Für Blöde. Immer zwei Lorbeerblätter in eine Tüte tun, keins mehr und keins weniger. Das mache ich nicht lange mit. Den Job schmeiße ich hin."

„Kannst du das denn?"

„Ob ich kann? Das wollen wir doch mal sehen."

Es dauerte auch nicht lange und Kostecki saß wieder auf seiner Bank, grüßte, war fröhlich. Die Arbeit hatte er hingeschmissen und überwunden. Allerdings traf ihn bald ein ganz anderer Schlag, der Arzt stellte Diabetes fest, ziemlich stark sogar, er musste gleich von Anfang an spritzen.

„Es geht mir verdammt schlecht", erzählte er mir. „Vor jeder Spritze muss ich erst testen, wieviel ich benötige, und danach muss ich die Dosis bestimmen."

„Und wovon kommt das?", fragte ich und deutete an, als ob ich einen trinken würde. „Hiervon?"

„Auch", sagte Kostecki.

„Trinkst du noch?"

„Feste. Wenn ich das nicht mehr kann, ist das Leben vorbei."

„Du musst es wissen."

Bald darauf, Kostecki hatte mir nichts gesagt, waren Waltraud und er aus der Zweiundzwanzig ausgezogen. Waltrauds Tochter wohnte schon seit längerer Zeit mit ihrem Freund zusammen, im Süden der Stadt.

Eine ganze Weile verging, da traf ich Kostecki mit seiner Lebensgefährtin im Forum unter dem Marktplatz. Er grinste, als er mich sah, aber er sah wirklich schlecht aus. Sein Gang war schlurfend und das Gesicht seltsam teigig und eingefallen. Er erzählte mir, dass er nun im „Bunker" wohne. Waltraud sagte nicht viel, sie nickte aber stets bei seinen Ausführungen.

„Der Bunker da am Nordpark?", fragte ich.

„Genau", sagte Kostecki.

„Und warum bist du aus der Zweiundzwanzig ausgezogen? Du warst da Kapo, Chef."

„Das war es ja. Alles wurde auf meinen Schultern ausgetragen. Kostecki hier, Kostecki da. Andauernd Auszüge und Einzüge. Zuletzt sprach kaum noch jemand der Bewohner richtig Deutsch."

„Und jetzt ist es besser?"

„Tausendmal besser. Wir haben unsere zwei Zimmer und unsere Ruhe. Um nichts brauche ich mich mehr zu kümmern. Könnte ich auch gar nicht mehr."

„Nein? Wegen deines Zuckers?"

Kostecki nickte, Waltraud nickte, und eine Etage tiefer hörte ich, wie eine Straßenbahn in die Haltestelle einfuhr, rauschte, bremste. Die Türen quietschten auf.

Als die Straßenbahn anfuhr, verließen die beiden mich, schlurften in Richtung Treppe, die zur Bahnhofstraße führte. Ich schaute ihnen nach, wie sie da schwerfällig den Tritt aufnahmen, Kostecki hinkte sogar, wie ich erkennen konnte. Sie betraten die Rolltreppe, fuhren nach oben, fuhren, und das keineswegs symbolisch.

Ein leichter Geruch von scharfem alkoholischen Rasierwasser schien in der Luft zu liegen. Fast so wie Schmorbirnen.

Kostecki schaute sich nicht um, Waltraud schaute sich nicht um, ich sah sie nie wieder. Allerdings könnte es sein, dass sie da immer noch wohnen, im „Bunker" am Nordpark. Und das ist genau die Richtung, in die ich nie komme.

AUSGEGRENZT

Die Bussarde gehen tausend Meter hoch, nicht einen Meter mehr. Sie kreisen und schreien und treffen sich. Majestätisch gleiten ihre weitgespannten Flügel in den Aufwinden, nur die Federspitzen korrigieren kaum sichtbar Richtung und Höhe. Es ist ein guter Tag für Thermik, wenn ein Tier nach dem anderen den Reigen beginnt, sich mit der Strömung treiben lässt. Alle und alles strebt langsam nach außen, entschwindet den Blicken. Die Schreie verhallen.

Das, vorausgesetzt, über den Parallelwelten.

Und hier hatte die Schwiegermutter einen sturen, gewöhnlichen Kopf. Sie pflegte ihrer Rede obszöne Kalauer beizumischen, um das Ganze interessant zu machen, aber bei vielen Gelegenheiten war das einfach nur peinlich. Sie hieß Martha, hatte eine Figur wie eine geradlinige Kerze und war blond, mit dieser blonden wilden Mähne, die man einsetzt, wenn die Fülle fehlt oder zu fehlen beginnt.

Ihr Mann hieß Gerhard, ein Gabelstapelfahrer der mittleren Klasse, der so weise tat, als wüsste er wirklich etwas, aber wenn es dann um konkrete Dinge ging, schwieg er lieber und hörte zu. Als ihr Sohn Jochen die Elsi heiratete, wurde groß auf dem Saal gefeiert. Wen man meinte einladen zu müssen, der wurde geladen, und es war ein rauschendes Fest mit Musikkapelle und Gesellschaftsspielen und Fotograf. Um Mitternacht gab es die Polonaise, angeführt vom Akkordeonspieler, der die Gäste über den Hof führte. Jochen war ein frischer, kraushaariger Jüngling, und Elsi einfach süß und schön. Sie war strohblond mit einer Figur, wie sie sich jeder nur wünschen konnte. Ihre bescheidene, angenehme Stimme machte auf alle Anwesenden einen nachhaltigen Eindruck.

Das Paar wohnte bei den Eltern in der ersten Etage, wo man alles renoviert, gestrichen und neu eingerichtet hatte. In dieser Zeit waren sie alle glücklich, das Paar, die Eltern, die Verwandten. Gelegentlich lud man Gäste zum Grillabend auf die Terrasse der Eltern.

Martha missfiel es, dass Elsi sich bei der Bewirtung der Gäste vornehm zurückhielt. Manchmal räumte Elsi das Geschirr ab, aber meistens blieb sie sitzen und plauderte mit den Anwesenden. Martha schmiss ihren Hintern, wenn sie die Arbeit allein machen musste, aber keiner ihrer Blicke wurde von Elsi verstanden und umgesetzt.

„Ich finde", sagte Martha zu ihrem Mann, „dass unsere Schwiegertochter auch ruhig mal die Beine heben und mit anpacken könnte. Was meinst du, Gerhard?"

„Wie?", tat er dumm.

„Elsi soll mit anpacken. Mir helfen."

„Aber Martha", sagte er beschwichtigend. „Elsi ist jung. Sie muss sich erst in alles hineinfinden."

„Was erzählst du da?", sagte Martha. „Haben unsere Eltern auch so viel Rücksicht genommen? Da hieß es doch „Mach!, und keine Widerreden!""

„Die Zeiten sind vorbei, Martha", sagte er. „Du musst die jungen Menschen auch verstehen. Das wird schon noch."

„Dass du immer alles so hinnimmst."

Er schaute weg und hob nicht einmal die Schultern.

Nach knapp zwei Jahren wurde das Mädchen Sandy geboren, dem man schon nach kurzer Zeit nachsagte, es habe große Ähnlichkeit mit der Mutter. Es war keine leichte Geburt, Elsi schwach, und Martha entwickelte einen unglaublichen Hilfsinstinkt. Sie tat für Elsi und ihr erstes Enkelkind alles, merkte das nicht einmal.

„Du legst Sandy falsch an", sagte Martha. „Nein, nicht so. In die Armbeuge, und dann ..." Und als es nicht klappte: „Mein Gott, du musst die Brustwarze schon geben."

„Aber bitte, Martha, lass mich", bat Elsi.

„Aber wenn du es auch falsch machst."

Tag für Tag und unmerklich mischte sich Martha in alles ein. Elsi konnte weder die Windeln richtig wickeln noch das Fläschchen in der passenden Temperatur zubereiten. Martha holte das Kind, wann sie wollte, versorgte, pflegte, zog es an und ging mit ihm spazieren. Die Nachbarn sahen Martha stolz durch die Straßen gehen, und wer es hören wollte, dem wurde gesagt, die Schwiegertochter könne mit dem Kind überhaupt nicht fertigwerden.

„Glauben Sie mir, sie ist überfordert", sagte Martha mit großen Augen. „Wenn die mich nicht hätte, ich weiß nicht, wie es dann gehen sollte."

„Eine Mutter weiß doch eigentlich immer, was ihrem Kind guttut", wagte eine andere Nachbarin einzuwenden.

„Elsi nicht", konterte Martha augenblicklich. „Die ist so was von unselbständig. Nicht einmal die Milch kann sie warm machen."

„Aber Martha?!"

„Wenn ich es dir doch sage."

Ein Kampf, der alles andere als ein Kraftsport mit Kräftemessen war, wurde zu jeder Stunde und jeder Minute ausgefochten. Martha ließ an allem, was Elsi tat, kein gutes Haar. Sie mokierte sich, dass Elsis Wohnung nicht richtig aufgeräumt sei. Die Betten waren nicht gemacht, das Spülbecken nicht geputzt. Ein Glück, dass sie für die Wäsche zuständig war, Elsi wusste nicht einmal den Unterschied zwischen Feinwäsche und Buntwäsche. Martha tat es für ihren Sohn, für ihr Enkelkind. Sie bügelte nicht nur die Hemden, auch die Unterhosen bekamen das Plätteisen zu spüren. So wie eine Diktatur ihre Bürger beschützt und reglementiert, legte Martha den Schleier der totalen Unterdrückung über ihre Schwiegertochter.

Elsi bekam den Griff ihrer übermächtigen Schwiegermutter wie einen heißen Fettspritzer zu spüren. Obwohl sie ausweichen wollte, traf der Spritzer ständig, erneut und immer wieder. Sie war schon als Kind sensibel und sehr empfindlich gewesen, und nun erschienen zwei Falten über ihrer Nasenwurzel und machten sie verbittert und verschlossen. Bevor sie mit ihrem Mann darüber sprach, waren ihre Gedanken die ganze Palette von Hilflosigkeit und Verzweiflung durchgegangen. Sie fand keine Rettung in ihrer Not.

„Jochen“, bat sie eines Abends. „Ich halte es nicht mehr aus. Du musst mir helfen.“

„Was hältst du nicht aus?“, kam es naiv von ihm herüber.

„Deine Mutter“, sagte Elsi. „Deine Mutter macht mir das Leben zur Hölle. Du musst mit ihr sprechen.“

„Warum sprichst du nicht selber mit ihr?“

Elsi war den Tränen nahe.

„Nichts mache ich ihr recht“, sagte Elsi. „An allem hat sie etwas auszusetzen. Das Kind nimmt sie, wann sie will. Es ist fast so, als ob ich nicht die Mutter wäre. Jochen, lass uns wegziehen. Es kann so nicht weitergehen.“

„Aber Elsi“, lächelte Jochen gequält. „Mutter meint es doch gut mit Sandy. Und bedenk mal, was Mutter alles für uns macht. Ich kann deine Einwände überhaupt nicht verstehen.“

Eine Träne rann über ihre Wange und blieb im Mundwinkel hängen. Sie schmeckte das Salz der Bitterkeit.

„Bitte Jochen, lass uns wegziehen“, bat sie inständig.

Er schüttelte den Kopf.

Wie eine schleichende Krankheit ohne akute Schmerzen begegneten sich Schwiegertochter und Schwiegermutter. Die Tochter schwieg, und die Mutter lachte über sexistische Äußerungen, die sie in der Nachbarschaft verbreitete. Herzlich angetan hatten es ihr die Phallusvergleiche.

Elsi wurde beinahe wortlos, wenn es um die Angelegenheiten des täglichen Lebens ging. Sie straffte ihre Antworten wie ein Redakteur die ausufernden Texte freier Mitarbeiter. Deleatur all dessen, was mehr als Ja und Nein war. Ihre Augenränder waren schwarz und leidend.

„Jochen, bitte, hilf mir“, flehte sie.

„Elsi, sei doch nicht so dramatisch“, sagte Jochen. „Außerdem muss ich jetzt noch nach Dirk fahren.“

Und dann kam dieser Tag, wo die Sonne die Waldränder aufglühen ließ und der feine Dunst sich wie eine Seele in den blauen Himmel erhob. Die Menschen waren so glücklich über diesen Tag, denn die Sonne war das Leben, war ihr Leben. Niemand bemerkte die junge Frau auf dem Übergang vom Parkplatz zum Kaufhaus. Die Straßenbahnen unten kamen angerauscht, hielten und fuhren sogleich weiter. Fahrgäste stiegen ein und aus und strebten den Treppenaufgängen zu. Ein strohblonder Haarschopf befand sich plötzlich auf der Brüstung, so kurz nur wie ein Sonnenstrahl durch das Laubdach eines Baumes blitzt. Und dann war alles verschwunden, der Körper, der Haarschopf, und die Straßenbahn kreischte.

Es war eine schlichte Beerdigung draußen auf dem Lande, wo Elsi vor ihrer Heirat gelebt hatte. Man stellte sich die große Frage „Warum nur?“, und nichts, aber auch gar nichts änderte etwas an der Trauer und dem Verlust. Jochen war zerknirscht, Martha nahm es hin wie ein Ereignis, das kommt, wie und wann es will. Natürlich rann ihr eine Träne während der Trauerfeier über die Wange, und sie tupfte die Träne verschämt, aber für jedermann gut sichtbar, ab. Ihr Taschentuch war mit einer Spitze eingefasst und leicht getönt. Sie bemerkte nicht, dass der Pastor während des Gesangs verzweifelt mit seinem Gebiss zu kämpfen hatte, denn es wollte ihm mehrmals über die Lippen rutschen.

Sandy kam von nun an offiziell in die Obhut der Großmutter, was vorher zwar auch der Fall gewesen war, aber jetzt bestand einfach kein Zweifel mehr: Sandy, beinahe vier Jahre alt, ähnelte immer stärker ihrer Mutter. Sie war ein stilles Kind, zuweilen aber auch lustig.

In der Nachbarschaft hatte man nach allem, was geschehen war, eine ganz klare Meinung. Und man sprach sie auch aus.

„Die Alte hat ihre Schwiegertochter auf dem Gewissen“, sagte Bockermann, ein ehemaliger Mechaniker. „Wie die mit der umgesprungen ist. Die junge Frau hat mit wirklich leid getan.“

„Mir auch“, erwiderte Schulz, der erst vor kurzem aus dem Polizeidienst ausgeschieden war. „So eine schöne Frau wird der Jochen niemals wiederfinden.“

„Hätte er auch nicht verdient“, sagte Bockermann. „Ein Mann, der so wenig Rückgrat besitzt und die Frau so hängen lässt. Kein nobler Charakter, muss ich schon sagen.“

„Nobel? Fies würde ich sagen.“

„Ich nehme an“, sagte Bockermann, „dass die Alte von keinem Gericht dieser Welt zur Rechenschaft gezogen wird.“

„Davon ist auszugehen“, sagte Schulz. „Jedenfalls besteht an dem Suizid kein Zweifel.“

„Schade“, sagte Bockermann. „Schade. Nun kann sie weiter ihre Dreckswitze reißen.“

„Nicht?! Ein widerliches Geschwafel. So rot wie ihre Fahrradjacke.“

Sie schauten hinüber auf das Haus, das angepasst in der Siedlung stand und sich von den Nachbarhäusern kaum unterschied. Im Vorgarten befand sich ein Rosenbeet, Hortensien säumten die Hauswand zur Frontseite. Jochen erschien, schaltete den elektrischen Rasenmäher ein und drehte seine Runden. Er achtete sorgsam darauf, mit dem Schneidemesser nicht über das Stromkabel zu fahren. Immer wieder schmiss er das Kabel in die entgegengesetzte Richtung.

Er war zerknirscht, wie man an seinem Gebaren erkennen konnte – noch – und dann wieder verheiratet.

DIE BEIDEN UND DER WIRT

„Also wie?“, sagte die Frau.

Sie war blond und der Mann grau.

„Wie ‚wie‘?“

„Du musst also schon sagen, wie es weitergehen soll.“

„Ich hätte also gedacht ...“

„Nicht wieder die gleiche Leier. Das haben wir schon hundertmal durchgekaut. Du hilfst im Haushalt, beim Staubsaugen, beim Abtrocknen ... Ach Herrgott, wie mich das anödet.“

„Es geht natürlich nur, wenn du wirklich zurückkommen willst.“

„Will ich das?“

„Willst du nicht?“

Die Sekunde, wo keiner etwas sagte.

„Ist mit dem Neuen noch alles in Ordnung?“, fragte er.

„Es geht so.“

„Was geht nicht?“

„Die Arbeit. Er ist arbeitslos.“

„Was hast er gemacht?“

„Das weißt du doch. Zeitungen ausgetragen und noch so'n Kram.“

„Dabei wird man arbeitslos? Ich meine, die suchen immer welche.“

„Man hat ihn gefeuert.“

„Warum?“

„Hat die Zeitungen immer auf die Treppe geschmissen. Auch bei Regen.“

„Und was will er jetzt tun?“

„Gar nichts.“

„Wirklich gar nichts?“

Sie nickte. „Hockt nur da und sinniert über den Sinn des Lebens. Würfelt mit den Augen die Zeit tot. Manchmal schläft er auch vor dem Fernseher ein.“

„Willst du ihn loswerden?“

„Ich weiß nicht. Eigentlich ist er ein ganz Lieber. Was ihm fehlt, ist der Mumm. Grips hat er schließlich. Wenn er den nur in die Waagschale werfen würde.“

Leute gingen und kamen auch wieder, und der Wirt nickte freundlich. Er stand am Zapfhahn.

„Warum wolltest du dich mit mir treffen?“, fragte er.

Der Augenblick, wo die Stille ermattet durchsackt.

„Ich wollte dich fragen, ob du mir etwas Geld leihen könntest?“

„Ich?“

„Ja. Tust du?“

Der Wirt brachte ein Bier und eine Cola.

„Wir sind zwar noch nicht geschieden“, sagte er, „aber dass du von mir Geld haben willst, um mit deinem Neuen zu leben, finde ich doch ein starkes Stück. Mut hattest du schon immer, in jeder Hinsicht.“

„Ich bekomme ein Kind.“

Er zuckte zusammen.

„Aber nicht von mir.“ Pause. „Von ihm?“

„Ja.“

„Und was wirst du tun?“

„Wenn du mir Geld leihst, werde ich das Kind bekommen.“

„Eh, eh, eh“, wandte er augenblicklich ein. „So nicht. Das ist Erpressung.“

„Und wenn ich behaupte, du seiest der Vater?“

„Das klappt nicht. Dabei fliegst du auf.“

„Man könnte es aber versuchen.“

„Lass es bleiben. Wenn du das durchziehst, hast du bald überhaupt kein Geld mehr. Ich würde alle Unkosten durch einen Rechtsanwalt von dir zurückverlangen. Lass es bleiben.“

„Aber du hättest einen ganz schönen Schlamassel am Hals.“

„Nein, du irrst. Ich würde alles einem Rechtsanwalt übergeben.“

„Den könnte ich doch auch nehmen."

„Könntest du. Aber ohne Geld tun die gar nichts."

Beide tranken sie einen Schluck.

„Ich brauche das Geld dringend, glaub es mir", sagte sie.

„Du oder er?"

„Das ist unfair, wenn du so etwas sagst."

„Nun?"

Wieder ein Augenblick absoluter Stille.

„Er, nicht? Hat Schulden. Mehr als alles andere."

Sie nickte.

„Herrgott, warum gibst du ihm nicht einen Tritt und jagst ihn zur Arbeit. Stimmt das überhaupt mit dem Kind?"

„Und ob das stimmt. Meinst du, ich bin hier, um dich anzulügen? Auch wenn die Lebensumstände anders aussehen, aber noch bin ich, wie du vorhin so treffend bemerktest, deine Frau."

Der Wirt schaute misstrauisch von der Theke zu ihnen auf.

„Also hör zu", sagte er. „Ich gebe dir natürlich kein Geld. Das wäre ja ein Irrwitz. Du hast einen Neuen und ich bezahle den auch noch."

„Du gibst mir Geld und nicht ihm."

„Kommt alles auf das Gleiche heraus", sagte er. „Wir machen es so wie besprochen und du bekommst den Anteil, den der Richter dir bei der Scheidung zugesteht. Ohne Komplikationen, ohne Streit. So wie abgemacht. Und dein Neuer, hat der eigentlich einen Beruf erlernt?"

„Nein, nicht richtig. Hat die Lehre abgebrochen."

„Als was?"

„Bürokaufmann. Ihm war war das viele Belegeabheften einfach zu langweilig. Und dann passte der Büroleiter ihm nicht, der ihn ständig triezte."

„Haben wir schließlich alle durchgemacht."

„Er ist lieb und wehrlos", sagte sie. „Nicht so bestimmt und direkt wie du. Wenn du ein Egoist bist, dann ist er das genaue Gegenteil davon. Aber vielleicht nimmt ein

Verlag mal eine seiner Geschichten. Wünschen täte ich ihm das schon lange."

Er stutzte.

„Er schreibt Geschichten? So wie tausend andere, die glauben, sie könnten das? Wie Tausende, die glauben, sie seien Autoren?"

„Was ist denn daran so verkehrt?", sagte sie. „Alle sind einmal unbekannt angefangen, sagt er. Man muss nur anfangen. Und seine Geschichten sind gut. Manchmal hat er mir etwas vorgelesen, aber nur manchmal. Es ist auch schon vorgekommen, dass er über seine Geschichten leise geweint hat."

„Das ist reines Selbstmitleid."

„Nenn es wie du willst, von mir aus Selbstmitleid", sagte sie. „Aber er ist nun mal ein sensibler Mensch. Und ein lieber Mensch."

Es entstand eine Pause, die durch einen Schluck unterbrochen wurde.

„Ich kann dein hartes Herz nicht erweichen?", fragte die Frau dann.

„Ich müsste mich vor mir selbst schämen, wenn ich euch Geld geben würde", sagte er. „Schreiben! Pah! Das ist so ungefähr das Ungesundeste, was man in der heutigen Zeit tun kann, um an Geld zu kommen. Wer liest heute denn schon noch?"

„Ich lese."

„Er soll sich Arbeit suchen. Praktische Arbeit, wovon man leben kann."

„In der heutigen Zeit?"

„Ach, was weiß ich", sagte er ärgerlich.

Sie leerte ihr Glas in einem Zug und schaute ihn an.

„Ich gehe dann wohl besser jetzt", sagte sie. „Ich werde auch nicht wiederkommen."

Er nickte.

„Sehen wir uns in vier Wochen vor dem Scheidungsrichter?"

Er nickte wieder.

Sie nahm ihre kleine schwarze Tasche, rückte den Stuhl zurecht und ging zur Tür. Weder sie noch er schauten einander hinterher. Draußen regnete es und sie spannte ihren Taschenschirm auf. Sie ging über den Gehweg und verschwand hinter der nächsten Straßenlaterne.

Nach einer Weile erschien der Wirt am Tisch und nahm das geleerte Glas an sich. Der Mann starrte ihn an.

„Wissen Sie, warum heute so viele Ehen in die Brüche gehen?", sagte er.

„Keine Ahnung", sagte der Wirt. „Ich habe keine Ahnung. War das Ihre Frau?"

„Ja."

„Hübsch war sie."

„Hübsch jetzt für einen anderen."

„Ach wissen Sie", sagte der Wirt, „meine ist auch mit einem anderen durchgebrannt. Hatte wohl zu viele Flausen im Kopf. Er ist Grieche, und mit dem verkauft sie jetzt Gyros."

„Gyros? Echt?"

Der Wirt nickte, und der Mann lachte leicht.

„Wissen Sie was", sagte er. „Bringen Sie mir einen Ouzo. Und für sich gleich einen mit."

„Sehr wohl, der Herr", sagte der Wirt.

Er trat hinter die Theke und nahm die Flasche und die Gläser und füllte sie. Die Lichter der Lampen im Lokal waren hinter der Theke im Spiegel zu erkennen. Sie gaben einen Reflex, wenn man die Augenlider senkte. Der Mann am Tisch senkte die Lider und wartete.

DAS IST STEFFEN

Er war ein armer Teufel. Er war faul, arm, und nach dem Tod der Eltern bekam er nur den Pflichtteil, im Gegensatz zum Bruder, der alles einsteckte. Wenn er denn zu verkaufen gewesen wäre, der heruntergekommene Hof, aber gegenüber befand sich eine Masttierhaltung, und es war ziemlich unwahrscheinlich, dass aus dem Acker jemals Bauland werden würde. Im Umland wurde gebaut, doch immer mit einem Abstand von fünfhundert Metern zur Tierhaltung. Ein Gesetz bestimmte das.

Beide Brüder hatten das schlechte Vorbild der Eltern, die wenig anpackten und alles laufen ließen. Und wie der Hof und die Sauberkeit sank, so blätterte die grüne Farbe von den Fensterrahmen. Eine Windmühle vor dem Haus mahlte die Zeit, und dann waren die Eltern tot.

Dabei hatte Steffen ganz andere Pläne, als er noch jung war. Während sein Bruder zur Polizei und dann mit einem Drachen in die Luft ging, von wo er bald wieder herunterkam, fand Steffen sich in der Lehre bei einer Spedition. Da er wild, kraftvoll und gut durchtrainiert war, juckte ihm das Fell bei dieser langweiligen, nerventötenden Büroarbeit. Er sah die Lastwagen auf den Firmenhof rollen, und sein junges, rundes Gesicht, das jetzt noch keine Glatze zierte, wurde lang wie ein Seil der Planenbespannung. Es war kaum ein Jahr her, da schmiss er die Brocken hin. Er kündigte nicht, er sagte nichts, er ging einfach nicht mehr hin. Die Spedition sagte auch nichts und stornierte die Ausbildungsbeihilfe.

„Was willst du jetzt machen?“, fragte der Vater.

„Nichts“, gab Steffen zur Antwort.

„Wie nichts? Jeder von uns muss doch etwas machen. Wovon willst du denn leben?“

Steffen wackelte mit dem Kopf. Sein blondes Haar saß fest auf der Kopfhaut.

„Ich überlege", sagte Steffen. „Ich muss mir jetzt echt überlegen, was ich machen werde."

„Willst du mir auf dem Hof helfen?"

„Nein. Ich bin kein Landwirt. Ich bin für was Besseres bestimmt."

„Nun hau mal nicht so auf die Pauke, mit deinem Hauptschulabschluss."

Steffen riskierte ein höhnisches Grinsen, das der Vater nicht mitbekam, da jemand auf den Hof gefahren war. Nebenbei verkaufte der Vater auch noch Kohlen, die er unter dem genormten Eichstrich belud.

Der arbeitsunlustige Sohn Steffen benötigte zwei Monate, um den Vater davon zu überzeugen, dass die leerstehende Scheune sich gut für ein Sportstudio eignen würde. Einige Änderungen hier, eine Abdeckung dort, mehrere Paravents, wo es nötig schien, und fertig war der unrühmliche Sportpalast, der den Namen „Steffens Sportstudio" erhielt. An der Straßenseite zeigte ein großes Holzschild das an, mit dem Zusatz ‚Bodybuilding, Fitnesstraining, Zirkeltraining, Kraftsport'. Steffen hatte irgendwo eine Kraftmaschine aufgetrieben, die er jedem, der es auch nicht hören wollte, anpries.

Leider mangelte es an der sanitären Einrichtung, denn ein WC war nicht vorhanden, vielmehr gab es den um die Jahrhundertwende gültigen Standard, einen Holzdeckel mit der darunter befindlichen Grube. Früher schaute schon mal eine Ziege über die halbhohe Mauer, wenn man sich niedergelassen hatte, doch nun hatte man blanke Holzbretter hochgenagelt, abschließend an den wuchtigen Eichenbalken. Eine Tür zu diesem Ort gab es auch, aber keine Duschen.

Es war die Zeit, als Steffen den Sport und seine Ernährung auf die Spitze trieb. Den ganzen Tag über hantelte Steffen, bewegte die Kraftmaschine, jagte und joggte durch die Landschaft, dass die Fasanen mit lautem Geschrei aufflogen. Da die Mutter nur einen Kohleofen besaß, ging Steffen über die Straße zum Nachbarhof, um sich auf dem Elektroherd jeden Tag zwanzig Eier zu braten. Er aß sie pur, ohne Brot, seiner Meinung nach die richtige Eiweißnahrung zum Aufbau kräftiger Muskeln. In späteren Jahren gab der Nachbarlandwirt an, dass es das gewesen sein könnte.

Zunächst lief das Sportstudio einigermaßen, da gleichzeitig eine Sportwelle emporschwappte. Steffen war jung, seine Klientel ebenso, Freunde, Bekannte, alles ließ hoffen. So etwas wie eine Freundin tauchte auf, die sich aber nach dem ersten Toilettenbesuch ekelte, und als ihr das wöchentliche Baderitual erklärt wurde, für welches man eine Schüssel mit warmem Wasser in den Spülstein stellte und sich von oben bis unten abwusch, in dieser Richtung, war die Freundschaft nicht nur getrübt, sondern zu Ende. Bald darauf war es so weit, dass Steffen klagte, er sei auf die Damen der Freiwilligkeit angewiesen, wenn die nur nicht so teuer wären. Viel, viel später sagte er noch, dass er darauf sparen müsse, aber das hörte die Regenbogenpresse gerne und druckte es auch.

Kurz und gut, das Sportstudio schlief ein. Es war wie mit den Männergesangsvereinen, die ihre Stimmen und die Stimmung verlieren, weil es an Nachwuchs mangelt. Außerdem, einem älteren Herrn mit lichtem Haar und Unterbauchhose fehlt es an Glaubwürdigkeit, wenn seine Lippen das Ännchen von Tharau intonieren. Es ist, als würde man die Gefühle und die Stimmung gegen den Strich bürsten.

Der erste Auftritt war unpopulär, verblüffend und gleichzeitig schockierend. Steffen bestieg den Sprungturm des Freibades, das an diesem warmen Sonnentag voll gefüllt war, kletterte auf die Zehn-Meter-Plattform und zog die Badehose aus. Da nicht allzu viele Besucher nach oben schauten, begann Steffen damit, am Rande der Plattform Bodybuilding-Posen darzustellen. Er zeigte seine Muskeln, nackt wie er war, die Arme, die Beine, den Rücken. Nach einiger Zeit schaute alles, was sich auf der Liegewiese befand, zum Sprungturm hoch. Hände zeigten nach oben, Mädchen kicherten, dem Bademeister verschlug es die Sprache.

„He du", rief der Bademeister nach oben. „Was machst du da? Komm sofort runter."

Steffen posierte weiter, gab keine Antwort.

„Ich habe gesagt, du sollst sofort runterkommen", steigerte der Bademeister seine Stimme.

Keine Reaktion.

Als der Bademeister sich anschickte, den Sprungturm hochzuklettern, näherte sich das Publikum in kleinen Gruppen. Der Bademeister erreichte das Fünf-Meter-Sprungbrett und steuerte die oberste Plattform an. Steffen posierte, schielte aber aus den Augenwinkeln zum näherkommenden Bademeister. Als der seinen Fuß auf die oberste Stufe setzte, nahm Steffen seine Badehose in die Hand und sprang nach unten, wo er mit lautem Knall auftraf.

Als er wieder auftauchte und zum Beckenrand schwamm, gab es Beifallsrufe und einige der Badegäste klatschten. Zornig kam der Bademeister vom Sprungturm herübergerannt und nahm Steffen mit in sein Büro.

„Zieh sofort die Badehose wieder an", donnerte er mit geschwollener Stirnader.

Lächelnd streifte sich Steffen die Badehose über. Auf Befragung gab er keine Erklärung ab. Lediglich seine Personalien wurden festgehalten.

Dem ersten nackten Erscheinen in der Öffentlichkeit folgten unzählige andere. Steffen turnte ohne Hüllen auf dem Stadtdenkmal herum, er erschien beim Volksradfahren, kletterte auf den Vorführwagen, posierte und kraulte sein Gemächt. Als der Bürgermeister mit der Weinkönigin das Weinfest eröffnete, tauchte aus dem Nichts Steffen ohne alles auf und lächelte in die Kameras. Bei der Eröffnung der neuen Stadthalle: Steffen war da, nur mit Turnschuhen und weißer Mütze bekleidet.

Da Steffen mittlerweile vom Staat lebte, besserte er seine Kasse durch Aktsitzen vor den Kunststudenten auf.

Bei dieser legalen Entblößung hatte eine Studentin die Idee, dass Steffens Körper ein Gesamtkunstwerk sei. Fortan gebrauchte Steffen immer diesen Terminus, wenn ihn jemand nach dem Grund seines Verhaltens fragte.

Eine Anzeige, die schwer wog, beinhaltete, dass Steffen sich auf dem Schulhof einer Grundschule vor einer Klasse I-Männchen entblößt hatte. Die Klassenlehrerin war so entsetzt, dass sie dem aufnehmenden Polizisten nur mühsam den Vorfall erklären konnte.

Es war Mitternacht, als Steffen aus einer riesigen Torte im Adamskostüm auftauchte, und es war nur natürlich, dass sich die Boulevardjournale des Fernsehens um diesen ulkigen Kauz kümmerten, der anscheinend den öffentlichen Organen und dem Staat ein Schnippchen schlug. Steffen bekam seine Anzeigen, doch er bezahlte sie nicht.

Die Moderatorin im Fernsehen war eine Perle, obwohl sie die Zähne kaum auseinanderbekam und ein Kloß in ihrem Hals zu stecken schien, aber Steffen wurde angekündigt wie ein Held, der seine eigene, hüllenlose Freiheit propagierte. Und als sie dann die Hand ausstreckte und ihren Arm dehnte, sprang Steffen nackt, wie Gott ihn geschaffen hatte, in den Blickwinkel der Kamera. Die Moderatorenperle spielte ihren Part und täuschte Entsetzen vor, doch da waren schon zwei Helfer, die Steffen bis zur Brust mit einem Laken abdeckten und ihn dann darin einhüllten. Steffen grinste unbekümmert.

„Das hatten wir so nicht abgesprochen“, sagte die Perle.

Das Lachen von Steffen wurde breiter.

„Also gut, wir haben das ja noch einmal hingekriegt“, sagte sie. „Doch nun zu Ihnen.“

„Mein Körper ist ein Gesamtkunstwerk“, unterbrach Steffen. „Soviel ich weiß, das einzige in unserem Land. Ich möchte das nur einmal vorausschicken.“

„Ja“, sagte die Perle irritiert. „Ja. Doch ich wollte Sie eigentlich etwas anderes fragen. Ich wollte Sie fragen ...“

Das Interview endete nichtssagend, denn es verdummte mehr als es enthüllte. Und als dann der Staat die angehäuften Anzeigenschulden bei Steffen eintreiben wollte, stellte sich heraus, dass nichts zu holen war. Steffen lebte ja vom Staat. Frech dehnte er seine Aktionen aus, fuhr mit dem Fahrrad in die nächste Landeshauptstadt, um auch hier verblüfften Menschen seine Scham zu zeigen. Während eines Bundesligaspiels in Dortmund überwand er den Zaun und sprang in der Pause nackt auf dem Spielfeld herum. Er bereiste die Republik und handelte sich überall Ordnungswidrigkeiten-Anzeigen ein, die dann, als er nicht zahlte, vor den Richter kamen.

„Warum zahlen Sie Ihre Strafe nicht?“, fragte ihn ein Richter.

Steffen zuckte mit der Schulter, aber diesmal vor Gericht bekleidet.

„Ich kann nicht. Fassen Sie einmal einem nackten Mann in die Tasche, Herr Vorsitzender. Da ist nichts.“

Auf Betreiben der Staatsanwaltschaft wurde ein Gutachten über den Geisteszustand des Angeklagten erwirkt, das ihm volle Zurechnungsfähigkeit bescheinigte und ihn für seine Taten ebenfalls voll verantwortlich machte. Steffen hatte auf einmal nur noch wenig Zeit bis zum Strafantritt, dem er auch bald folgen musste, und zwar für zehn Monate.

Als er wieder auf freiem Fuß war – die Haft hatte ihn nicht geknickt oder gebessert, obwohl die anderen Knackis ihn verspotteten, veralberten, ihm den Verkehr ohne Frau anboten – erschien er nackend auf seinem Fahrrad und erschreckte einkaufende Hausfrauen. Steffen ließ von seinem Tun nicht ab und wanderte erneut hinter Gitter. Diesmal war es Winter. Er richtete sich häuslich ein, mied den Umgang mit den anderen Gefangenen und war froh, ein warmes Gemach mit regelmäßiger Kost zu erhalten. Trainieren durfte Steffen auch, Expander waren vorhanden, Medizinbälle, die Kraftmaschine konnte nicht mehr verstellt werden und war verteufelt mühsam zu bedienen.

Die Tochter des verhinderten Polizisten, der sein Bruder und Alleinerbe der elterlichen Schrottruine war, äußerte sich gegenüber ihren Freundinnen.

„Ich schäme mich für meinen Onkel", sagte sie. „Wie sehr bedaure ich, dass ich den gleichen Namen wie er trage. Immer wenn ich meinen Namen nennen muss, habe ich das Gefühl, man bringt mich mit Steffen in Verbindung. Einer hat sogar gefragt, ob ich seine Tochter sei."

„Wenn du heiratest", erwiderte die Freundin, „nimmst du den Namen deines Mannes an, Moni. Dann ist alles vorbei."

„Aber dazu muss man heiraten."

„Du heiratest bestimmt bald, Moni. Bestimmt bald."

„Ach ja", seufzte Moni.

Und dann war Steffen wieder in Freiheit. Bevor er gehen konnte, ließ der Direktor ihn in sein Büro bitten.

„Steffen", begann der Direktor. „Ich darf doch Steffen sagen. Ja? Gut. Also Steffen, ich möchte mich mit Ihnen über Ihre Neigung des Entblößens unterhalten. Wie Sie schon gemerkt haben, lässt der Staatsanwalt nicht mehr Fünfe gerade sein. Er wird unerbittlich dem Gesetz Genüge tun, den kleinsten Verstoß wird er ahnden. Ich kann Ihnen also nur gut zureden, dieses Ausziehen in der Öffentlichkeit zu unterlassen. Es ..."

„Ich wollte nur die Anerkennung, dass mein Körper ein Gesamtkunstwerk ist", beharrte Steffen. „Ich bin kein Krimineller. Die Presse und das Fernsehen haben mich nur benutzt, ohne mich richtig zu bezahlen."

„Ja, schauen Sie", sagte der Direktor. „Das mit dem Kunstwerk ist so eine Sache. In knapp einem Jahr werden Sie fünfzig Jahre alt. Da ist man kein Kunstwerk mehr. Sie verstehen, was ich meine? Das Alter macht vor keinem Kunstwerk Halt, besonders nicht vor einem lebenden."

„Ich werde, wenn ich draußen bin, fleißig trainieren“, erwiderte Steffen. „Man kann so sein Alter hinauszögern.“

„Das wird sicher seine Richtigkeit haben“, sagte der Direktor. „Aber bedingt. Alles, was man übertreibt, kann auch zu einem Schaden führen.“

Es dauerte lange, bis Steffen sich wieder an die Freiheit gewöhnt hatte, denn er musste nun wieder für sich selbst sorgen. Er trainierte fleißig, alle möglichen Sportarten, und er lebte sehr zurückgezogen in der Rumpelkammer des alten elterlichen Hauses. Sobald es ging, kaufte sich Steffen ein neues Fahrrad mit Hydraulikfederung, superleichtem Rahmen und verstärkten Felgen. Ab und zu, wie ein Glühwürmchen, tauchte der Schein von Steffen in der näheren oder weiteren Umgebung auf. Das war, wenn er die Badehose fallengelassen hatte und man dieses registrierte, aber nicht mehr kommentierte.

Ja, Steffen fährt auf seinem Fahrrad. Er hat eine Mütze auf dem Kopf und selbst im Winter nur eine Badehose an. Man weiß nie, wo er auftaucht und wann er die Badehose auszieht. Es kann überall sein, im ganzen Land. Niemand sollte erschrecken, wenn ein Mann mit Mütze und Turnschuhen und sonst nichts an auf dem Fahrrad erscheint – das ist Steffen.

AUF DER DOMPLATTE

Bruno B. war ein fähiger Mann. Mit Umsicht plante er seinen Beruf und schaffte es, als Beamter in den Höheren Dienst zu gelangen, wo er als Führungsbeamter eine Abteilung leitete. Er führte die Untergebenen gut, gekonnt, sein Vorgänger war ein Antreiber gewesen. Im Gegensatz zu diesem war er fast schon beliebt, obwohl auch er unliebsame Weisungen zu geben hatte. Was ihn auszeichnete, war, dass er für seine Untergebenen immer zu sprechen war. Er half, wo er konnte, seine Ratschläge wurden gerne angenommen. Die ganz großen Posten waren möglich, vielleicht sogar im Ministerium.

Von der Figur her war B. mittelgroß, nicht ganz schlank, aber auch nicht fett, mehr so ein untersetztes Mittelmaß. Er hatte krause schwarze Haare und ständig dunkle Ränder unter den Augen, die so gar nicht zu dem flinken und wachen Blick passen wollten, der jeden Besucher traf, wenn er mit ihm zu tun hatte. B. sprach ohne Konzept fließend und frei. Er war verheiratet und hatte zwei Söhne, noch Schüler. Befreundet war B. mit Otto und Walter, zwei Kollegen aus dem gleichen Hause, aber in anderen Abteilungen beschäftigt. Die Behörde selber leitete ein Präsident.

Im Vorzimmer der Abteilung von B. waltete Sieglinde ihres Amtes. Sie war hübsch, schlank, blond, verheiratet und Mutter einer Tochter. Sieglinde machte auf Männer einen enormen Eindruck. Sie wusste, dass sie etwas ausstrahlte und nutzte das bei jeder Gelegenheit aus. Besonders die Jüngeren hatte sie fest im Griff, die Älteren muffelten oft zurück oder standen über den Dingen. Sieglinde wurde forsch, wenn ihrer Meinung nach eine Äußerung zu gewagt war. Richtig giftig konnte sie dann werden. Nach außen spielte sie die stets Unnahbare.

Es fiel allen sofort auf, als B. und Sieglinde mit einer Keksdose im Vorzimmer saßen und Kaffee tranken. Nicht nur, dass es jetzt schwer war, im besagten Zimmer Dinge zu erledigen wie Abrechnungen und dergleichen, nein, alles geschah nun unter den Augen des Abteilungsleiters, der sich allerdings nichts anmerken ließ und wie unbeteiligt dasaß. Gelegentlich verschwand er in seinem Büro, wenn zu viele Leute erschienen, aber meistens saß er da und blätterte in irgendwelchen Bündeln Papier. Wenn es ging, mieden die Mitarbeiter fortan die Kaffee- und Keksdosenzeit, und nur wenn es nicht anders zu machen war, schlurfte man in die erste Etage. Das war dann auch der Zeitpunkt, als man im Hause gesprächsweise aus Sieglinde Frau B. machte und Gerüchte und Tuscheleien zur Gewissheit wurden. Eines Tages erwischte die Putzfrau nach Feierabend B. und Sieglinde auf dem Schreibtisch, in eindeutiger Verrichtung, und wer mehr überrascht war, die Putzfrau oder die beiden, konnte nachher nicht mehr festgestellt werden. Sie, die Putzfrau, aus einem südeuropäischen Land und strenggläubig erzogen, blieb mit Eimer, Besen und Feudel wie erstarrt stehen.

„Oh“, entfuhr es ihren Lippen. „Entschuldigung. Bitte.“

„Machen Sie, dass Sie rauskommen“, donnerte B., „Verschwinden Sie. Los, raus!“

„Entschuldig...“, knickste die Putzfrau. Ihr war heiß bis hinter die Ohrläppchen.

Als der Ehemann von Sieglinde wenig später in eigener Sache auf dem Amt war, ließ er die Mitarbeiter wissen, dass B. seine Ehe zerstört habe.

„Unser B.?“, wurde er gefragt. „Sind Sie sicher?“ Die Frage war eigentlich scheinheilig.

„Jawohl, euer Chef“, sagte der Ehemann. „Euer großer Chef, der mir Hörner aufgesetzt hat.“

„Aber das hat jetzt nichts mit unserer Angelegenheit zu tun? Sie wollen doch nicht ...?“

„Nein, nichts hiermit“, sagte der Ehemann. „Macht ihr nur euren Job.“

„Danke, Herr ..."

„Nicht Herr B.", sagte der Ehemann. „Ich weiß, dass ihr sie Frau B. nennt."

„Dazu möchten wir nichts sagen", war die Antwort.

Chronologisch fand nun etwas statt, das man Schlag auf Schlag nennen kann und wo eines mit dem anderen verzahnt war. Bedingt durch das Eine, geschah das Andere. B. war an allem beteiligt, direkt, indirekt und aktiv.

Der erste richtige Fall, der auch gleich im ganzen Haus erzählt wurde, war das Forellenfischen in einem Zuchtteich. B. war durch ein Loch im Zaun mit seinen beiden Söhnen, zehn und zwölf Jahre alt, gestiegen und sie hatten die Angeln ausgeworfen. Das Ergebnis war ausgesprochen gut, die Forellen konnten nichts anderes als anbeißen. Allerdings hatte der Besitzer etwas dagegen. Er holte die Ordnungsmacht und die brachte den Fall zur Anzeige. Gegen den Einspruch, den B. einlegte, riet ihm der Richter ab. Es könnte auch teurer werden.

Kaum war diese Angelegenheit beendet, stahl B. in einem Großmarkt einen Adapter, einen billigen, winzigen Adapter, wenig teurer als zwei Packungen Zigaretten, und als er angesprochen wurde, versuchte er zu flüchten. Der Parkplatz dicht neben der Autobahn war groß und der Hausdetektiv schneller. B. wehrte sich, schlug und trat, da bekam er einen Schlag voll auf die Nase.

Die Behördenleitung hörte, schaute und schwieg zunächst noch.

Dann kam die Trunkenheitsfahrt, der Führerscheinentzug und dass B. jeden Tag mit der Eisenbahn zur Arbeitsstelle anreisen musste. Die Fahrerlaubnis, nun für ein Jahr auf Eis gelegt, machte B. inmobil und Sieglinde sauer. Sie zeigte ihm ihren Unwillen und gab ihm bald darauf den Laufpass. B. verlor die Fassung und dann auch seinen Kopf.

Irgendwie brachte er heraus, wer der neue Freund seiner ehemaligen Geliebten war – ein jüngerer Kollege aus dem gleichen Haus, dem Rang nach aber wesentlich tiefer – und als er die Wohnung ausfindig gemacht hatte, klebte er eines Nachts von außen alle Schlüssellöcher mit Sekundenkleber zu. Sieglinde dachte gar nicht daran, zu ihm zurückzukehren. B. mauerte daraufhin das Garagentor des neuen Freundes mannshoch zu.

Die Behördenleitung setzte sich zusammen und beratschlagte.

Inzwischen hatte die Ehefrau, wenn auch nicht im Detail, aber so doch einiges mitbekommen. Sie bat die Kollegen Otto und Walter, auf ihren Mann aufzupassen, und als die drei einen Skiurlaub auf der Seiser Alm begannen, war man allgemein überrascht, dass Walter mit einer neuen Freundin heimkehrte, Otto und B. dagegen solide geblieben waren. Otto war Mitglied im Trachtenverein seines Heimatortes, und wenn Walter spottete, was ziemlich häufig geschah, war das Ziel eben dieser Trachtenverein.

„Den Otto möchte ich da mal tanzen sehen“, konnte Walter hämisch dahinwerfen.

Er folgte seiner neuen Freundin an ihren Wohnort und ließ sich versetzen.

Die Behördenleitung hatte in der Zwischenzeit einen Plan gefasst, der B. bis ins Mark traf. Er wurde degradiert und musste seinen Dienst fortan im Ruhrgebiet ausüben. B. schwieg, fuhr in den Kohlenpott und machte dienstlich alles falsch. Vor Wut stellte er sich dumm und tat Dinge, die gegen jede Lebenserfahrung und Menschenkenntnis waren. Wurde er gerügt, zuckte er die Achseln, teilte man ihn als Kurierfahrer ein, fuhr er irgendwohin und kam nie an sein Ziel. Als man ihn nur noch herumsitzen ließ und keinen Auftrag mehr erteilte, kam die Scheidungsklage seiner Frau. Er nahm sie zur Kenntnis wie einen Bericht der Kopraernte in den Tropen, zerriss das Blatt und war bald darauf geschieden. Alles, was ihm etwas bedeutet hatte, war nun dahin: die Frau, die Familie, die berufliche Karriere. Und als dann eines Tages die unehrenhafte Entlassung aus dem Dienst erfolgte, hatte

B. die höchste Höhe und die tiefste Tiefe seines Lebens erreicht, so zumindest dachte er.

„Was wirst du tun?“, wurde er von Otto gefragt, als sie sich zufällig in der Kneipe begegneten.

„Ich werde durch Deutschland wandern“, antwortete B. „Vielleicht zuerst ein bisschen am Rhein entlang, dann eine Paddeltour auf der Niers. Wo der Wind einen so hinführt.“

„Und deine Rente? Wovon lebst du?“

„Rente haben die, du weißt, die da oben, nachbezahlt. Ich werde jetzt vom Staat leben, schließlich habe ich für den genug getan. Soll der jetzt was für mich tun.“

„Sozialhilfe? Und das reicht dir?“

„Muss. Alles ist nur eine Sache der Einteilung.“

B. hatte sich aufgegeben, doch bevor es ganz dazu kam, eröffnete er in dem kleinen Ort mit der fürstlichen Residenz genau gegenüber dem Schloss einen Biokostladen. Die Geschäfte gingen von Anfang an schlecht, der Verkauf brachte nicht einmal die Miete ein. B. verschwand und ließ alles so, wie es war. Niemand kannte seinen Aufenthaltsort.

Es war die Stadt mit dem Dom und der Domplatte, dicht gedrängt daneben der Bischofssitz. Ein kleiner Fluss quengelte sich an den Fachwerkhäusern und dem Dom vorbei. Hinten in der Ecke standen ein paar Bänke, Bäume, die Mülleimer quollen über von Flaschen und fettigem Papier. Einige Gestalten in ungepflegter Kleidung tranken Bier, Rotwein aus Tetra-Packungen. Man war leise und knurrte, bevor man ausfallend wurde.

Eine Person war schlank, mittelgroß, vom Fett keine Spur mehr. Er hatte krause, schwarze Haare, dicke Ränder unter den Augen und einen verschleierten Blick. Sein langer, filziger, leicht angegrauter Bart reichte ihm bis zum Brustbein. Er wischte sich den Mund ab und spuckte aus.

„Du Rat“, wurde er angesprochen. „Weißt du, wo wir noch was zu trinken herkriegen?“

„Ich bin kein Rat mehr“, sagte der Angesprochene mit schwerer Zunge. „Also nenn mich gefälligst nicht Rat. Ich bin Bruno.“

„Also gut, Rat Bruno. Wo gibt's noch was zu saufen?“

Bruno winkte energisch mit der Hand ab. „Ach leck mich.“

Es war ein kalter, feuchter Novembermorgen, als der, den sie in ihren Kreisen Rat nannten, mit dem Rücken an der niedrigen Mauer lehnte, hinter der der kleine Fluss stetig über die Kiesel sprang und leicht verwirbelte. Von der Stelle, wo er saß, hatte man die gesamte Domplatte im Blickfeld. Und links war der Dom, das große gotische Portal.

Erst als ein kleiner Junge über die Mauer turnte und ihn anstieß, fiel er zur Seite, fiel mit dem angegrauten Vollbart in die nebenliegende Pfütze.

Immer wieder ging er umher. Er mochte sie leiden, die Tochter vom Schneidermeister, aber sie spielte im eigenen Garten, und er wohnte in einem Mietshaus, das die Gemeinde hatte errichten lassen. Cocknetawo wurde es von den Leuten genannt. Seinen Vater kannte er nicht, der war einfach fort, und seine Mutter kämpfte um jeden Pfennig in einer Lohnnäherei. Eigentlich war er ein Habenichts, der über den Zaun das Mädchen Charlotte ausspähte, die so tat, als würde sie ihn nicht sehen. Gelegentlich sprach sie schon mal ein paar Wörter mit ihm, doch das geschah nur, wenn der Ball über den Zaun gefallen war. Ansonsten sahen sie sich in der Schule, im Klassenzimmer, bis der fällige Schulwechsel anstand und er dort zurückblieb, wo die Schule kein Geld kostete.

Er war schon in der Lehre, als sie ihm eines Tages auf der Straße entgegenkam. Sie war unbefangen fröhlich und sprach von der alten Schulzeit und was er denn nun so mache, denn sie sei ja immer noch in der Schule und wolle Abitur machen. Oder müsse, weil die Eltern es so wollten. Sie hatte seinen Vornamen Hans keineswegs vergessen, sprach ganz bewusst Hans aus, und, aha, Schriftsteller sei sein Beruf. Nicht Schriftsteller? Schriftsetzer. Sei das nicht das Gleiche? Er sei der mit den Lettern, gab Hans an.

Charlotte war hübscher denn je, fand Hans. Er mochte ihr glattes blondes Haar und die wunderschönen blauen Augen. Im Gegensatz zu seinen dunklen Haaren fand er die ihren viel vornehmer, edler. Wie gerne hätte er sie berührt, aber das traute er sich natürlich nicht. An einen Kuss wagte er nicht einmal zu denken. Für sich genommen mochte er sie heimlich, mehr im Inneren. Und das war ein so schönes Gefühl, fast wie Verlust.

Als er nach der Lehre eine Tanzschule besuchte, war zur gleichen Zeit Charlotte auch dort. Sie übten die Schritte, vorwärts, rückwärts, seitwärts, Schluss, und wenn die Tanzstunde beendet war, gingen sie gemeinsam nach Hause. Es bot sich irgendwie an, dieser gleichzeitige Weg. Gebracht wurde sie vom Vater, der danach das Wirtshaus aufsuchte.

Bis zum Zwischenball nahm er sich jeden Abend auf dem Heimweg vor, ihr zu sagen, wie sehr er sie mochte. Vielleicht kamen sie sich ja näher, wer konnte das sagen, und dann würde er eventuell ihre Hand nehmen, in ihre Augen schauen, diese Sternenaugen, das Leuchten darin, und es war allein schon gut, das zu sehen und zu denken. Charlotte kam nie auf die Idee, dass es um Hans so stand. Für sie war er der gute Wegbegleiter und ein alter Klassenkamerad. Außerdem würde sie sich jetzt nie festgelegt haben. Das war viel zu früh und sie auch noch kapriziös, wankelmütig.

Er wagte es, während sie über den Parkettboden schwebten, Charlotte zum Zwischenball einzuladen, weil der Tanzlehrer den jungen Männern empfohlen hatte, jetzt die Mädchen einzuladen. Als wäre es das Natürlichste von der Welt, lachte Charlotte freundlich und kollerte von hinten durch ihre Kehle, sie sei bereits eingeladen. Wer? Na wer schon. Der Sohn vom Fleischermeister, Ecki, der mit den breiten Schultern.

Hans wollte nicht sogleich beleidigt sein, aber diese Nachricht traf ihn wie ein Dolchstoß. Er fühlte, wie ihm der Schweiß in die Handflächen trat, und er wollte weder tanzen noch freundlich sein. Sobald es ging, verließ er fluchtartig die Tanzschule und machte sich allein auf den Heimweg. Sollte doch dieser tumbe Ecki Charlotte nach Hause bringen.

Doch der Vater kam, unwillig, weil sie ihn angerufen und er erst zwei Bier getrunken hatte. Er schmollte, warum denn der Junge aus dem Cocknetawo sie nicht mitgenommen habe, und als sie ihm erzählte, dass der sie zum Zwischenball eingeladen habe, sie ihm aber absagen musste, weil sie, wie er ja wusste, den Ecki ausgesucht hätten ... Der Junge, auch wenn er Drucker würde, passe nicht in ihre Kreise, war die Meinung des Vaters. Mittelstand, gehobenes Bürgertum, das war ihre Welt. Außerdem, war der Bengel nicht unehelich? Ein unehelicher Schwiegersohn, Ogottegott!

Hans nahm am Zwischenball nicht teil. Er schwänzte auch den Abschlussball. Die letzten vier Abende ging er nicht mehr zu den Übungen, vermied es tunlichst, in die Nähe von Charlotte zu kommen, die dachte, er sei ein Affe, mit diesen sauertöpfischen Lippen und den traurigen Augen. Sie warf den Kopf in den Nacken und tanzte mit Ecki, der mit puterroten Wangen und kleinen Schweinsäuglein die zarte Charlotte derb in die von ihm gewünschte Richtung beförderte. Manchmal tat er ihr sogar ein bisschen weh.

Er, Hans, hätte ihr gerne etwas Nettes gesagt, aber sie zog ja andere junge Männer vor. Manchmal sah er sie von weitem, und jedes Mal wechselte er die Richtung, betrat ein Gebäude oder einen angrenzenden Garten. Er war nun Geselle, veränderte auch schon mal den Arbeitgeber, den Prinzipal, und als dann eine Zeitung eine Geschichte von ihm abdruckte, konzentrierte er sich auf diesen Punkt, der ihn fortan nicht mehr loslassen sollte.

Von Charlotte hörte er, dass sie geheiratet habe, aber nicht diesen Fleischer Ecki, sondern einen Tuchhändler aus Krefeld. Der war ein Hallodri und betrog Charlotte nach Strich und Faden, wobei er schon einmal verheiratet war, dort ein Kind hatte und mit Charlotte auch noch eins. Die Eltern von Charlotte kümmerten sich um das Kind, einen Jungen, als die Scheidung ausgesprochen worden war. Charlotte verfiel in Trübsal und trank, wie man sich erzählte.

Aus dem Tal der Enttäuschung holte sie ein Mann, von dem niemand wusste, woher er kam, und der am ganzen Körper tätowiert war und Schwarz als Grundfarbe seiner Bekleidung erwählt hatte. Charlotte tat es ihm gleich, ließ Tätowierungen anbringen, wobei sie die Augenbrauen so schwarz färbte wie Hose und Jacke. Der Kontrast zu ihren blonden Haaren war himmelschreiend.

Bald war es allen klar, dass der schwarze Mann Charlotte mit in die Drogenszene genommen hatte. Eine Szene, die keiner so richtig kannte. Da wurde gekifft, gespritzt und auf Löffeln was ausgekocht und abgezogen. Auf einmal war der schwarze Mann fort und Charlotte musste nun alles alleine machen. Vom Kauf zur Besorgung und letztlich auch den Konsum. Sie sackte so richtig weg und wurde zu einem hilflosen Bündel. Um ihr Kind kümmerte sie sich eigentlich gar nicht, das machten ihre Eltern in liebevoller Aufopferung.

Hans hörte mehr davon als dass er sah, und als er eines Tages auf dem Friedhof beim Grab seiner Mutter gewesen war, traf er Charlotte, die am Waldrand auf einer Bank Platz genommen hatte. Sie sah, fand er, elend, mitgenommen und ganz krank aus. Fast hätte er sie nicht einmal wiedererkannt. Auf ihren Hinweis hin setzte er sich neben sie.

Ja, war ihre Meinung, das sei nun aus ihr geworden. Zukunft Null, Geld gleich Null. Es war übrigens auch alles egal. Und das Gespräch von damals, um darauf zurückzukommen, nun sei er doch Schriftsteller und nicht Schriftsetzer. Beides. Ja gut, beides. Nur eine Geschichte, warf er ein. Ganz großartig, fand sie, ganz großartig von dir, Hans. Sie schwieg betroffen und wurde sehr ernst, als sie sagte: „Mit uns beiden wäre es bestimmt besser geworden." Er mochte sie doch, oder? War er nicht verliebt in sie? Doch, Hans, richtig verknallt. Er hatte so einen himmlischen traurigen Blick in der Tanzschule gehabt. Sie sei damals einfach zu jung für eine Bindung gewesen. Daran sei alles gescheitert.

Nein, gab Hans zu verstehen, dazu seien zwei nötig, um eine Bindung einzugehen. Verliebt sein allein reichte nicht. Der andere müsse entweder auch verliebt sein oder praktische Gründe ließen ihn das Verhältnis eingehen.

Charlotte schwieg und nickte mit dem Kopf, und als Hans sich verabschiedete, wünschte er ihr viel Glück, obwohl er sah, wie stark sie gezeichnet war. Sie wünschte ihm kein Glück, vielmehr sagte sie, dass sie fest davon überzeugt sei, dass er seinen Weg mache. Nicht hier, in Cocknetawo, aber draußen, in der Welt. Und er würde sicher alles dann vergessen haben. Bis auf die Kleinigkeit, die man sich einmal im Leben von der Leber schreiben muss. Wenn die Zeit reif ist.

Zwei Wochen später war Charlotte tot. Sie hatte sich, wie der Polizeibericht lautete, eine Injektion gesetzt und war anschließend in die Badewanne gestiegen, um dann zwei exakte Schnitte auszuführen. Erst am nächsten Tag wurde sie gefunden.

Hans nahm an ihrer Beerdigung nicht teil. Er fand es unpassend, sich nach ihrem Tode der Familie durch die Hintertür aufzudrängen. Er wusste, wie ihr Vater über ihn dachte, und so packte er, als die Trauerfeier stattfand, seine Sachen.

Er hatte so wenig, dass es fast erschreckend wirkte. Die sperrigen Sachen verstaute er in mehreren Umzugskartons und ließ sie nachsenden. Das, was er am Leibe trug und einen Rucksack nahm er auf der Stelle mit. Er fuhr mit dem Bus zum Bahnhof und stieg dann in den nächsten Zug.

Die Bahngleise waren erhöht und der Zug fuhr langsam. Er kannte fast jeden Baum und jeden Strauch. Dort der Fabrikschornstein von der Möbelfabrik. Und das da der Kindergarten, die Schule. Cocknetawo lag vor dem Wäldchen und hinter der Schule. Die Dachpfannen leuchteten rot in der Sonne. Dort hatte er gelebt, dort die Zeit verbracht. Seine Augen waren wie durchsichtig, als er an allem vorbeifuhr. War das sein Abschied? Ja.

Für lange Jahre kehrte er nicht mehr zurück.

TOD AM NACHMITTAG

Die beiden Männer schauten über den Platz, der einmal Busbahnhof gewesen war und wo jetzt an zwei Tagen in der Woche ein Markt stattfand. Sie saßen vor dem Café in der Sonne und ein warmer Wind wehte vom Süden gegen die Häuserfronten. Links von ihnen lag außerhalb des Platzes das Posthochhaus, ihnen frontal gegenüber das nicht ganz so hohe Gebäude der Polizei. Beide Gebäude schienen fast ausschließlich aus Fenstern zu bestehen, und wenn die Sonne den richtigen Standpunkt einnahm, trafen die Strahlen mit grellem Schein die gegenüberliegenden Objekte, beweglich oder unbeweglich. Vor den Männern auf dem Tisch stand ein Cappuccino.

„Denkst du gerne an die Zeit zurück?“, fragte der Graue.

„Es geht“, antwortete der mit dem Bart.

„Nein, nicht so“, sagte der Graue. „Ich denke da mehr an Episoden außerhalb der tatsächlichen Arbeit. Keine Verbrecherjagd, so alltägliche, menschliche Dinge. Vielleicht auch etwas Lustiges.“

„Na, ich weiß nicht.“

„Gab es das nicht?“

„Doch, gab es.“

Beide schwiegen sie eine Weile und schlürften am Cappuccino.

„Da, hinter den Flachbauten“, sagte der mit dem Bart, „auf der anderen Straßenseite, gibt es eine Bierstube. Bis tief in die Nacht ist die geöffnet, und von da ging so vieles los ... Zuhälter, Strichjungen ...“

„Ein Bier“, sagte der Mann. Und nach einer Weile: „Und einen Kurzen.“

Die Wirtin schaute vom Zapfhahn hoch und über die Theke hinweg.

„Hast du überhaupt Geld?"

„Und ob." Der Mann haute mit der Hand auf die Theke und zeigte einen Geldschein. Die Wirtin sah kaum hin.

Na?"

Die Wirtin zapfte, tat aber so, als sei der Mann gar nicht da.

„Bekomme ich nun mein Bier?"

Die Wirtin stellte das Glas, das sie in der Hand hielt, auf den unter dem Zapfhahn befindlichen Abschäumer und beugte sich über die Theke.

„Hör mal, Kumpel", sagte sie. „Du gehörst doch zu denen im Wartehäuschen drüben am Busbahnhof. Geh da hin. Hier bekommst du kein Bier."

„Ich bin Gast", sagte der Mann. „Und ich möchte ein Bier."

„Nix da", sagte die Wirtin. „Mach die Fliege. Geh zu deinen Kumpeln."

Der Mann hielt den Geldschein in der rechten Hand und schwenkte ihn hin und her.

„Mein Geld ist genau so viel wert wie das jedes anderen", sagte er. Er war schlank, mittelgroß, und er trug einen abgetragenen grauen Anzug mit noch anderen changierenden Farben, die in das Grau hineinflossen.

„Hör mal, Kumpel", wiederholte die Wirtin. „Hier ist Sense, finito für dich. Und wenn du nicht gehen willst, hole ich die Bullen, die haben's ja nicht weit."

„Ich habe nichts getan, dass die kommen müssten", sagte der Mann. „Ich will nur ein Bier."

„Geh jetzt." Die Wirtin wurde ungehalten. „Mein Bier kriegen nur ehrbare Menschen."

„Haha", lachte der Mann lauthals. „Du und deine Bruchbude hier. Dass ich nicht lache. Pass nur auf, dass nicht eines Tages aus deinem Laden Kleinholz gemacht wird."

„Raus!“

Der Mann glitt vom Barhocker und stand vor der Theke. Den Geldschein hatte er inzwischen in die Jacketttasche gesteckt.

„Also, was ist?“, sagte die Wirtin. „Gehst du jetzt? Oder muss ich die Bullen holen?“

„Ich gehe ja, Mutti“, sagte der Mann. „Aber das sei gesagt, ich weiche nur der rohen Gewalt.“

Und während er zur Pendeltür schritt, sagte die Wirtin hinter ihm her: „Spinner!“

Während der nächsten zwei Wochen verliefen die Geschäfte in der Bierstube ruhig und friedlich, und als dann die Wirtin eines Morgens ihr Lokal aufschließen wollte, sah sie die Bescherung. Außer der Eingangstür, den Scheiben und der Beleuchtung hatte man die Treppenstufen sowie die gesamte Vorderfront zertrümmert. Allem Anschein nach war nichts gestohlen worden, und wie es aussah, waren der oder die Täter auch nicht im Lokal selbst gewesen. Alles war außerhalb zerstört, und als die Wirtin einen Tatverdacht äußern sollte, fiel ihr der Mann mit Hemd und Anzug ein, eine ungewöhnliche Bekleidung für einen Nichtsesshaften, und ausgerechnet der hatte ihr gedroht, die Kneipe kurz und klein zu schlagen.

Die Polizei brauchte nicht lange zu suchen, um die beschriebene Person zu finden, und sie setzten ihn auf einen Stuhl.

„Paul Kuhn“, sagte der Beamte, „dich findet man überall. Und bist du nicht hier, dann eben am Bermuda-Dreieck.“

„Ich bin ein Känguru“, sagte Paul. „Ich hüpfe mal da hin, und dann dort hin.“

Der Beamte runzelte die Stirn. „Lass das“, knurrte er. „Wie kann man auch Paul Kuhn heißen, genau wie der Musiker.“

Paul Kuhn zuckte mit beiden Schultern.

„Bist du irgendwie mit ihm verwandt?“, fragte der Beamte. „Von irgend einer Linie her?“

„Nein“, antwortete Paul. „Ich bin alleine. Und wenn der meinen Namen trägt, dann hat er ihn von mir. Gewissermaßen entwendet.“

„Der Kuhn aus dem Fernsehen hat dir den Namen geklaut, wie? Dass ich nicht lache.“

„Kann doch sein, Herr Kommissar“, sagte Paul. „Die Schauspieler legen sich oft fremde Namen zu. Ich jedenfalls heiße Paul Kuhn. Steht alles in meinem Ausweis. Den haben Sie einbehalten.“

„Kriegst du alles wieder“, sagte der Kommissar. „Wenn wir hier fertig sind.“

„Und wann sind wir fertig?“

Der Beamte besah sich den Ausweis und das angefertigte Protokoll. Er biss sich ein wenig auf die Lippen und sah dann wieder seinen Gegenüber an.

„Weißt du was, Paul?“, sagte er. „Wenn ich dich so ansehe, kommst du mir ein wenig wie Wilhelm von Enger vor. Das war auch so ein verrückter Vogel wie du.“

„Kenne ich nicht.“

„Als das Bismarck-Denkmal noch vor dem Rathaus stand, putzte der dem Bismarck die Schuhe und sagte dabei: ‚Hier stehen Otto von Bismarck und Wilhelm von Enger. Die einzigen wahren Deutschen.‘“

„So etwas würde ich nie tun“, sagte Paul.

„Natürlich, du nicht“, sagte der Beamte. „Du würdest auch nicht auf der Kirmes die Orgel dirigieren?“

„Wie käme ich dazu? Außerdem gehe ich schon lange nicht mehr auf eine Kirmes. Dazu ist mir das Geld viel zu schade, für so einen Firlefanz.“

„Wilhelm von Enger dirigierte die Kirmes-Orgel und alle um ihn herum blieben stehen und lachten.“

Paul überlegte.

„Aber wegen Wilhelm von Enger bin ich doch nicht hier?“, sagte er. „Oder?“

Der Beamte pfiff sich zurück. Er räusperte sich verlegen und setzte sich dann auf seinen Stuhl.

„Nein“, sagte er. „Deshalb nicht. Es geht um die Bierstube da um die Ecke und dass man den Eingangsbereich kurz und klein geschlagen hat. Die Wirtin gab an, du habest ihr kürzlich gedroht, den Laden zu Kleinholz zu schlagen. Hast du es also gemacht?“

„Was?“

„Die Kneipe kaputtgeschlagen? Tür, Scheiben, Treppe. Die Sachbeschädigung, Paul. Warst du es?“

Paul gestikulierte wild mit den Armen. Der Beamte sah ihm interessiert zu.

„Herrgottnochmal“, sagte Paul. „Die Wirtin wollte mir kein Bier geben, obwohl ich Geld hatte und es ihr auch gezeigt habe. Sie hat mich rausgeschmissen, da habe ich wohl was gesagt.“

„Nur gesagt?“

„Ehrlich, Herr Kommissar, das war alles.“

„Und deine Kumpel? Hast du denen was erzählt, und die sind losgegangen?“

„Ich habe keine Kumpel.“

„Aber du säufst mit denen?“

„Manchmal. Aber deshalb sind sie noch lange nicht meine Kumpel.“

„Na gut“, sagte der Beamte. „Du warst es nicht und deine Kumpel auch nicht. Wer war es dann?“

„Weiß ich nicht.“

„Und wo warst du vorgestern Nacht, Paul?“

„Ich werde jetzt hier verhört, nicht?“

„Nur befragt. Also, wo warst du?“

„Wann? Vorgestern? In der Nacht?“

Paul zog die Stirn kraus. „Da habe ich geschlafen, in der Beinstraße. Mit der nötigen Bettschwere, versteht sich.“

„In der städtischen Unterkunft Beinstraße?“

„Genau. Sie können den Hausmeister fragen, Herr Kommissar. Der schreibt sich alles auf.“

„Werden wir machen. Du hast also mit der Sachbeschädigung nichts zu tun?“

„Ehrlich, kein Stück, Herr Kommissar. Ich schwöre

die Wahrheit. Die Wirtin muss es auf mich abgesehen haben, diese alte Giftnudel."

„Vorsicht, Paul", mahnte der Beamte. „Nicht dass du dich hier um Kopf und Kragen redest."

„Ach, ist doch wahr", sagte Paul. „Alle Möglichen verkehren da: Schwule, Zuhälter, Fixer, und ich, ein ganz gewöhnlicher Alkoholiker, soll randaliert haben. Ich fasse es nicht."

„Es ist gut, Paul", sagte der Kommissar. „Du kannst gehen. Falls sich noch etwas ergibt, weiß ich ja, wo du zu finden bist."

„Ich kann gehen? Jetzt? Sofort?"

„Du kannst gehen. Ich sage der Wache unten Bescheid, dass sie dich rauslässt."

Während Paul das Büro verließ und über den Gang zum Fahrstuhl schritt, war es dem Beamten, als ob dieser ein Lied vor sich hinpfiff, ein fröhliches Lied, wie es schien. Bald darauf rauschte der Fahrstuhl abwärts, und beim Kommissar läutete das Telefon.

Wenige Wochen später erschien Paul auf der Wache und gab an, er wolle einen Raub melden, da er ausgeraubt worden sei, im Park hinter dem Hallenbad. Die Wache unten schickte ihn zur Kripo und dort blieb er eine ganze Weile, bis er wieder herunterkam und beim Verlassen des Gebäudes den Leuten auf der Wache zuwinkte. Kaum war Paul draußen, erschien lachend der Kommissar.

„Habt ihr mir den Paul hochgeschickt?", fragte er.

„Ja. Ist was nicht in Ordnung?"

„Doch, doch, ist alles klar. Nur der Paul und sein Raub ... Der Paul Kuhn wird nicht ausgeraubt. Immer, wenn er seine Rente bekommt, kommen die anderen Alkohol-Experten und versaufen mit ihm seine Rente. Zwei, höchstens drei Tage geht das so, bis von der Rente nichts mehr da ist. Vielleicht nimmt dem Paul auch mal einer zehn Mark aus der Tasche, aber generell hält er sie aus, und er ist der König hinter dem Hallenbad. Dabei fühlt er sich wohl."

„Ach so ist das", sagte einer aus der Runde. „Neulich hatten wir ihn, als er auf einer Kreuzung den Verkehr regelte. Er schimpfte mit allen Autofahrern und winkte sie an den Straßenrand, was natürlich keiner tat."

„Und was habt ihr gemacht? Gewahrsam? Ausnüchterung?"

„Nein. Adolf von der Leitstelle gab durch, dass wir ihn ruhig beim Hausmeister in der Beinstraße abliefern könnten. Der habe Paul voll im Griff und lege ihn schlafen."

Der Kommissar nickte.

„Bei mir hat Paul auch so seine Faxen gemacht. Er steppte, machte Handstand, tanzte Tango. Und wenn man ihm lange genug zugehört hat, geht er von selber."

Eines Morgens erschien Hilde, die Perücken-Hilde, auf der Wache und gab an, dass die ganze Gruppe aus dem Wartehäuschen gleich zur Beerdigung fahre, und zwar würde Paul Kuhn beerdigt, den man am Nachmittag vor fünf Tagen hinter dem Hallenbad tot aufgefunden habe.

Paul wäre im Mantel gewesen und hätte zusammengesunken auf einer Bank gesessen. Eine Joggerin hätte ihn gefunden. Alle würden sie mitgehen, Rosten-Willi, der im Kellerschacht eines Marktes wie im Höckergrab schlief, Schmalzbacke, Edi mit den offenen Unterbeinen, Marion, die auch noch lieben kann, wenn sie besoffen ist, ach, „ihr kennt sie ja alle ...".

„Du lügst uns doch wohl nicht an?", fragte der Beamte. „Wenn du uns anlügst, komme ich persönlich und nehme dir deine Perücke weg."

„Nein.“ Hilde wurde laut, hielt dabei aber ihre Perücke fest. „Nein. Das gibt es nicht. Meine Perücke gehört mir.“

„Ist ja gut“, sagte der Beamte. „Ich lasse sie dir. Fahrt ihr mit der Straßenbahn zum Friedhof?“

„Wir fahren alle mit der Straßenbahn“, sagte Hilde. „Die Stadt bezahlt. Wie auch die Beerdigung – Paul kriegt eine Urne, und ein Stück Wiese.“

Sie verließ mit gesenktem Kopf durch die Drehtür das Gebäude, und draußen glänzte die feuchte Straße, als die Sonne hinter einer Wolke hervortrat.

Der zweite Cappuccino war kalt geworden. Sie saßen und schauten den Schatten zu, die lautlos ihr Segment abtasteten. Auf den Straßen um den Platz hatte der Verkehr zugenommen.

„Warum ist Paul Alkoholiker geworden?“, fragte der Graue. „Wieso bezog er eigentlich eine Rente? Weißt du das?“

„Ja“, sagte der Mann mit dem Bart. „Paul hatte einen richtigen Beruf. Er war Lehrer, Berufsschullehrer für Drucker, Schriftsetzer oder so ähnlich. Das war seine Rente. Und wie das Leben so spielt ...“

„Ja?“

„Natürlich war er auch verheiratet. Man feierte auf einem alten Bauernhof, trank, schmuste herum, und dann war Paul plötzlich verschwunden. Zunächst merkte seine Frau das nicht, aber als sie ihn suchen ging, fand sie ihn mit einer Willigen in vertrauter Umarmung. Sie machte kein Theater, sie ließ sich scheiden, damals noch mit der Schuldfrage verbunden, und was dem Paul an Geld blieb, war so wenig, dass er alles hinschmiss und auf die Straße ging. Ziellos wanderte er durch das Land, bis er hier hängen blieb.“

„Von wo kam er?“

„Oldenburg, Vechta, da irgendwo aus dem Norden. Und was seine Rente betraf, das war eine Frührente. Die war so gering, dass die geschiedene Frau nichts davon abbekam.“

„Ach ja“, sagte der Melierte, „und heute erinnert sich bestimmt niemand mehr an einen Paul Kuhn. Oder?“

Der Bartträger stocherte mit seinem Löffel in der Tasse herum. Es klirrte leise.

„Eigentlich geht es allen so. Wir verlöschen. Und niemand erinnert sich an uns.“

Sie legten das passende Geldstück auf den Tisch und standen auf. Sie überquerten den Platz und gingen auf den Eingang der Tiefgarage zu. Dort, unter der Erde, hatten sie ihre Autos geparkt. Sie mussten sogar suchen, bis sie ihr Eigentum gefunden hatten.

DIE TAUFE

„Sei mal still“, flüsterte sie.

Augenblicklich hörte er auf und lag wie erstarrt da. Sie spürte seinen warmen Atem in ihrem Haar, wagte selbst kaum zu atmen und lauschte den Geräuschen, die von außerhalb in das Zimmer drangen. Eine Bodendiele knarrte, dann schabte etwas Weiches an einem festen Gegenstand vorbei. Dicht hinter der Tür bewegte sich eine Person, sie wusste es mehr als dass sie es hörte. Aber die Gefahr war da, bedrohlich und nah. Es konnte nur ihr Mann sein.

Und dann bewegte sich der Türgriff langsam nach unten. Es war, als hätte der kleine schwarze Hebel alle Zeit der Welt, seine Ruheposition zu verändern. Im Türblatt vernahm man einen leichten Druck mit entweichender Luft, als versucht wurde, die Tür von draußen zu öffnen. Sie war innen abgeschlossen, der Schlüssel steckte. Drei Mal wurde Druck ausgeübt, und dann wanderte das schwarze Ding geräuschlos wieder zurück in die Horizontale. Kleine leise Schritte entfernten sich.

Sie lag da und sog vorsichtig über ihre trockenen Lippen die Luft ein. In ihren Handflächen stand der kalte Schweiß. Noch immer wagte sie nicht, sich zu bewegen. Er strich verlegen durch seinen Oberlippenbart.

„Dein Mann?“ Er berührte fast ihr Ohrläppchen.

Sie nickte. „Bestimmt.“

„Was wird er machen?“

Die Haustür knackte ins Schloss.

„Ich weiß es nicht. Peter ist, wenn er nicht getrunken hat, ein ganz friedlicher Mensch.“

„Und wenn er getrunken hat?“

„Dann stänkert er.“

Sie hörten, wie draußen ein Motor angelassen wurde. Der Gang wurde eingelegt. Das Auto fuhr.

Unbekleidet sprang sie aus dem Bett und lugte durch einen Spalt der Gardine. Er sah sie im Gegenlicht in voller Weichheit um Hüfte und Po, und sein Verlangen steigerte sich.

„Es ist Peter", sagte Ellen. „Er fährt weg."

„Komm her, du Satansweib", röhrte er. „Komm her, wenn dir dein Leben lieb ist. Oder ich mache dich in meiner Zeitung fertig."

Sie schlüpfte in ihr Negligé und streifte die Hausschuhe über.

„Du musst sofort gehen, Gerald", sagte sie. „Wer weiß, wann er wiederkommt."

„Was, sofort?" Er war enttäuscht. „Und wie stellst du dir das vor? Wenn ich vorne rausgehe, wartet er vielleicht an der nächsten Ecke auf mich."

„Nein, nicht vorne", sagte sie. „Du gehst durch den Garten und dann den Heckenweg entlang. Und schon bist du am Markt."

„Wann sehen wir uns wieder?"

„Wir müssen uns was einfallen lassen. Hier zu Hause geht das sicher nicht mehr."

„Ich mache mir Gedanken", erwiderte Gerald. Er schnappte die Hose. „Da fällt mir bestimmt was ein. Wenn nur dein Mann mir jetzt nicht auflauert. Der ist immerhin Polsterer und ich nur ein Mann der Feder."

„Ein Lokalredakteur, der Angst hat." Ellen lachte leise. „Ich denke du kungelst mit allem, vom Auto bis zum Papierballen. Hast du mir nicht erzählt, dass du neben Boxen auch noch Judo gemacht hast?"

„Vor Ewigkeiten, Ellen", sagte er. „Vor Ewigkeiten. Rufst du mich an?"

Sie schob ihn durch die Terrassentür und er überquerte die kleine Rasenfläche, war schon im Gartenweg, der an der Rückseite der Häuser vorbeiführte. Sie sah ihm nach, diesem Mann, der nicht einmal schön war. Er konnte gut reden, erfasste alles in Windeseile, und wenn sie ihm keck und lebenslustig vorwarf, unter seiner behaarten Haut rieche es muffig nach Druckerschwärze, lachte er lauthals mit den Goldkronen auf den Molaren und erwiderte, jeder müsse schließlich von irgendetwas leben. Warum nicht Druckerschwärze! Außerdem seien die Zeitungen heute fast alle bunt.

Ellen fieberte dem Abend entgegen, und als Peter erschien, ging es gleich richtig los.

„Du hast dich heute im Schlafzimmer eingesperrt? Warum?“

Sie fasste sich an die Stirn und seufzte.

„Es ging mir nicht gut. Ich hatte so einen Druck im Kopf, da musste ich mich unbedingt hinlegen.“

„Und deshalb schließt du die Tür ab?“

„Wieso, woher weißt du das?“

„Ich war hier.“

„Wo, hier in der Wohnung?“

Übelgelaunt nickte er nur. Sie schwenkte gleich um.

„Und warum hast du dich nicht bemerkbar gemacht? Ich habe geschlafen und nichts gehört. Wenn ich gewusst hätte, dass du da bist, hätte ich bestimmt sofort aufgesperrt.“

„In der eigenen Wohnung die Tür zusperren, was sind denn das für Methoden? Man könnte fast meinen, du hättest etwas zu verbergen gehabt.“

„Ich und verbergen. Das ist wirklich lächerlich, Peter.“

„Na ja.“

Da sie noch immer über einen merkwürdigen Druck im Kopf klagte, wurde es ein einsilbiger Abend, den sie dadurch beendete, indem sie früh zu Bett ging. Sie schlief bereits, als auch er kam, nach diesem langweiligen Krimi mit Schiffen und Leichen im See.

Nach wenigen Tagen hatte Gerald eine neue Möglichkeit entdeckt, und zwar eine billige Absteige im ägyptischen Stil, mit blauem und mäanderndem Dekor. Die Lampen waren aus Messing und sahen aus wie ein Turban, den man umgekehrt unter die Decke gehängt hatte. Der Wirt sprach Arabisch, und wenn er wollte, auch Deutsch. Er verhandelte gerne, aber nicht unter einer bestimmten Summe. Die Zimmer waren kalt wie der Winter, der sich nun ankündigte mit Nässe und Schauern und einem wiederlichen Wind.

Im März bekam Ellen einen Sohn, ein allerliebstes Kind, dass unter der Nase schon so ausschaute, als gehöre dort ein Oberlippenbart hin. Das Kind weinte kaum, hatte dünne schwarze Haare und eine Knubbelnase. Ellen strahlte ihren Mann an, der mit Kindern wenig anzufangen wusste und sich irgendwie unwohl fühlte. Ende Mai war die Taufe.

Es war ein herrlicher gemalter blauer Frühlingstag. Im Blütenmeer der Bäume strahlte es rosig und weiß. Die Sonne leuchtete vom wolkenlosen Himmel in das zarte Grün der aufkeimenden Blätter. Weicher als eine sanfte Decke strich der warme Wind um Sträucher und Hecken. Die Menschen lachten, feierten den Gottesdienst, und mit ihm die Taufe eines neuen Erdenbürgers. Das Kind sagte keinen Ton, als ihm angewärmtes Wasser über das Köpfchen geperlt wurde.

Nach dem Gottesdienst verabschiedete der Pastor jeden Kirchgänger mit Handschlag und freundlichen Worten, die auf das gute Wetter schnell zu finden waren. Anders als an schlechten Wettertagen blieben die Leute noch ein wenig auf dem Kirchhof und plauderten. Mehrere Personen, die Ellen und Peter kannten, sprachen Glückwünsche aus, schauten das Kind an und lachten ihm zu.

Der Kleine schlief und lispelte manchmal mit einem feinen Stimmchen. Die Ärmchen waren so zart wie Stöckchen, und die Fingerchen nur Striche.

Gerald wartete geduldig, bis sich eine Lücke in der

Reihe der Gratulanten ergab, und dann trat er vor. Er reichte Ellen die Hand.

„Darf ich mich in die Reihe der Gratulanten einreihen?“, fragte er mit warmer Stimme. „Herzlichen Glückwunsch zur Taufe, und alles Gute für Sie und den Kleinen.“

„Dankeschön“, erwiderte Ellen. „Vielen Dank.“

Gerald blickte Peter an, der ihn verwundert musterte.

„Auch Ihnen, alles Gute“, sagte Gerald. „Herzliche Glückwünsche.“

Der Händedruck zwischen ihnen beiden war flüchtig, die Berührung kaum zu spüren.

„Danke“, erwiderte Peter kalt.

Kaum hatte sich Gerald entfernt, beugte sich Peter zu seiner Frau hinunter und sagte: „Was haben wir denn mit dem von der Zeitung zu tun? Ich kann mich nicht erinnern, ihn jemals irgendwo eingeladen oder getroffen zu haben. Ist ja widerlich, wie die sich von der Presse überall einschleimen.“

„Er wollte doch nur freundlich sein an diesem wunderschönen Frühlingstag“, erwiderte Ellen. „Außerdem kennt er mich. Er hat mal eine Reportage über unsere Näherei verfasst. Die war gut. Er kann was.“

„Egal ob er was kann“, maulte Peter. „Die Taufe ist eine Privatangelegenheit und nicht für die Öffentlichkeit bestimmt.“

„Übrigens, dein Bruder winkt zu uns herüber“, sagte Ellen, wobei sie den Kopf hob. „Und Vater und Mutter sind auch schon da. Wir sollten wohl langsam zum Essen fahren. Kennt dein Bruder den Weg zur Habichtshöhe?“

„Egal. Ich fahre vorweg.“

Im rückwärtigen, seitlich gelegenen Teil des Kirchhofes hatten sich der Flach- und Malermeister Birkner sowie der Landwirt Wehrmann zu einem Gedankenaustausch zurückgezogen. Mit wachem Auge hatten sie die Begegnungen verfolgt, waren den Gratulanten visuell gefolgt und hatten auch gesehen, wie Gerald artig die Hand ausstreckte.

„Kennen Sie das ägyptische Hotel?“, fragte Birkner nach einer Weile.

„Kenne ich“, erwiderte Wehrmann. „Hakim, der Wirt, kauft bei mir seine Kartoffeln. Warum?“

„Man hört so seine Dinge. Kurzfristige Vermietung, und so weiter und so fort.“

„Na ja, was soll’s. Hakim muss auch leben.“

„Aber Stundenhotel?“

„Ich finde, wo Bedarf ist, entsteht auch so was“, sagte Wehrmann. „Hakim muss nur aufpassen, dass die von der Sitte nicht dahinterkommen.“

„Die gehen doch selbst dorthin.“

Birkner nickte nachhaltig mit dem Kopf.

„Echt?“, fragte Wehrmann verblüfft. „Erzählt man das?“

Birkner schaute geheimnisvoll von unten seinen Gesprächspartner an.

„Finden Sie nicht, dass der kleine Täufling unserem Redaktor wie aus dem Gesicht geschnitten ist?“

„Das verwächst sich“, sagte Wehrmann. „Hauptsache, die Familie stimmt. Da ist es doch gar nicht so wichtig, wer der Vater ist.“

„Da haben Sie nun auch wieder recht“, gab Birkner zu.

Sie waren fast die Letzten, die den Kirchhof verließen. Nur der Pastor kam noch nach ihnen, und die Küsterin an der großen Pforte, die den Schlüssel drehte.

Und über allen prangte dieser göttliche Himmel, der allein bei seinem Anblick jeden glücklich sein ließ, einschließlich der Unglücklichen, die gar nicht merkten, wie glücklich sie eigentlich waren.

DER AUTOR

Horst Leiwig ist gelernter Schriftsetzer. Nach Tätigkeiten in verschiedenen Offizinen arbeitete er als Maschinensetzer und legte die Meisterprüfung in Ulm und Ravensburg ab. Danach Wechsel in den öffentlichen Dienst (Kriminaloberkommissar a. D.).

Neben einigen eigenen Bänden veröffentlicht Horst Leiwig seit Jahren regelmäßig im OWL Literaturmagazin Tentakel sowie in Anthologien verschiedenster thematischer Richtungen des chiliverlags.

Horst Leiwig ist ein Meister psychologischer Tiefenspannung, des Ungesagten, der die von Hemmingway postulierten sieben Achtel charakterlicher Spekulationsfläche durch Auslassung zum Vorschein bringt. Er baut Erwartungen auf, um diese gekonnt in einer vordergründigen Belanglosigkeit, auf das Innen- und Außenleben der Protagonisten bezogen jedoch bedeutsamen Folgenschwere aufzulösen. Seine Geschichten handeln von (Wahl-) Beziehungen und Verhältnissen und sind psychologische Charakterbeschreibungen im Spannungsverhältnis des Männlich-Weiblichen.

Die Protagonisten dieses Erzählbandes bewähren sich jeder auf seine persönliche Art. Während sie agieren, stellen wir fest, dass alles neben uns stattgefunden haben könnte. Obwohl wir mitten im Geschehen sind, erleben die Handelnden ihre eigene, unverwechselbare Geschichte als Sieger oder Besiegte.

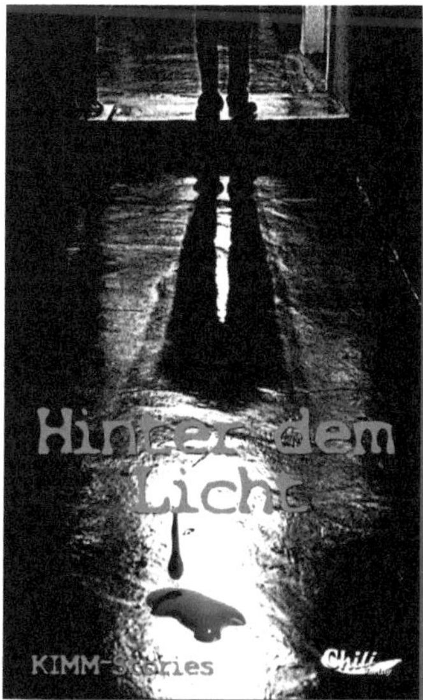

Hinter dem Licht – KIMM-Stories
Anthologie mit 22 Autorinnen und Autoren
Fotos von **Yves Drube**, chiliverlag 2014
ISBN 978-3-943292-10-7, EUR 13,90

Intrigen, Manipulationen, Machtkämpfe und Verbrechen finden überall statt, selbst im engsten Familienkreis. Manchmal enden sie tödlich. Ein nicht unerhebliches Spektrum korruptionsgeladener Vorfälle geschieht im beruflichen Umfeld von Menschen, die alle ein ähnliches Ziel verfolgen: sich selbst ins beste Licht zu rücken und dieses möglichst noch honoriert zu bekommen. Eitelkeit, Gier, Habsucht und blinde Leidenschaft öffnen Tür und Tor für Verbrechen und müssen nicht selten mit dem Leben bezahlt werden. Selbst Schönheitsköniginnen sind nicht davor gefeit.

In diesem Buch versammelt sich die ganze Bandbreite hinterhältiger und krimineller Machenschaften. 22 Autorinnen und Autoren schreiben Geschichten und Gedichte über Lüge, Erpressung, Betrug, Rache, vermisste Menschen und eiskalten Mord.

Ralf Seeger, **DEUS IUDEX MEUS – Nur Gott ist mein Richter** (Autobiografie), ISBN 978-3-943292-17-6, 316 Seiten, chiliverlag 2014, EUR 16,90

Ralf Seeger, Kampfsportlegende im Free Fight, Kickboxen und Boxen, Bergsteiger, passionierter Tierschützer, Personenschützer, Schauspieler u.v.m. ist uns allen bekannt aus TV-Serien wie „Helden für Tiere" (VOX), „Harte Hunde" und aus weiteren Sendungen.

In dieser Autobiografie erzählt er seine bewegte Geschichte: von einer schwierigen Kindheit und Jugend, dem Abgleiten in Gewalt und Kriminalität und seinem langen Kampf um eine Rückkehr in ein Leben in Freiheit. Mit dieser packenden Autobiografie lässt Ralf Seeger tiefe Einblicke in seine Vergangenheit und seine Persönlichkeit zu. In sieben umfangreichen Kapiteln nimmt er den Leser mit auf seine Entwicklung vom Heimkind zum zweifachen Weltmeister im Free Fight sowie auf weitere wichtige Stationen in seinem Leben.

Mit einem Nachtrag von Andrea Gerecke.

Marc Mandel, **Morden** – Kurzkrimis
ISBN 978-3-943292-14-5, 140 Seiten,
chiliverlag 2014, EUR 9,90

Marc Mandels raffinierte Kurzkrimis spielen in Milieus, in denen intelligentes Handeln erwartet wird. Weder gehobene Chefetagen, Beamtenbiotope, Politikerkreise noch Schulen oder Fitnessstudios sind vor Korruption und Verbrechen sicher. Auslöser perfider Verbrechen sind nicht selten ‚nackte' Instinkte. Exzesse, die durch virtuelle Scheinwelten erst möglich werden, lassen den Leser oft verstört zurück; durch seine Gedanken spuken Ereignisse, von denen wir alle bedroht werden. Die Stories sind nach dem letzten Satz oftmals nicht „zu Ende", da sie beim Leser ein ungutes Gefühl realistischer Bedrohung hinterlassen.

Morden ist Marc Mandels erste Einzelveröffentlichung. Die Geschichten führen auf drei bis zehn Seiten zu den Schattenseiten des menschlichen Charakters und regen zum Nachdenken an. Sie sind so geschrieben, dass der Leser intensiv an den „Ermittlungen" beteiligt ist und bis zum Schluss miträtselt. Marc Mandel ist ein Meister des Überraschungseffekts.

PSYCHONYMOUS – Vergeltung (Hrsg. Franziska Röchter)
Psychologische Kurzkrimis, Coverfoto Ralph Bruse
ISBN 978-3-943292-26-8, 156 Seiten
chiliverlag 2015, EUR 8,90

In diesem ersten Band der Reihe PSYCHONYMOUS schreiben 17 Autorinnen und Autoren über Rache, Intrige, üble Machenschaften, Machtspiele, Verschwörungen bis hin zu einem unerwarteten Ende. Düster, fies, gemein, böse, mörderisch, blutig, makaber, horrormäßig, gänsehautstiftend, spannend, unerwartet und vielleicht auch ein bisschen gerecht.

Autorinnen und Autoren: Regine Bott, Ralph Bruse, Micaela Daschek, Andrea Gerecke, Ralf Herrmann, Andreas Koch, Erika Maaßen, Marc Mandel, Jürgen Völkert-Marten, Dörte Müller, Marc Niendorf, Kerstin Paul, Christian Reul, Philipp Rübenkönig, Joachim Speidel, Ronald, Zieger, Matthias Zscharnack

PSYCHONYMOUS – Verzogen (Hrsg. Franziska Röchter)
Psychologische Kurzkrimis
ISBN 978-3-943292-31-2, 152 Seiten
chiliverlag 2015, EUR 8,90

In diesem zweiten Band der Reihe PSYCHONYMOUS (aus der Serie KIMMStories, Geschichten über Korruption, Intrige, Macht und Mord) schreiben 10 ausgewählte Autorinnen und Autoren in 12 Beiträgen psychologische Kurzkrimis, in denen das Element des Orts- oder Wohnungswechsels eine zentrale Rolle im Handlungsverlauf spielt. Somit ist das Motiv der Suche (nach sich selbst, nach Verschwundenen, nach dem Täter, nach einem neuen Leben oder nach der Vergangenheit) ein wiederkehrendes Element. Düstere, spannende, makabere Unterhaltung durchtränkt mit Psycho-Realismus.

Autorinnen und Autoren: Elisa Bergmann, Detlef Klewer, Horst Leiwig, Eva Masthoff, Dennis Mombauer, Anna Neocleous, Franziska Röchter, Tanja Sawall, Eva-Maria Silber, Wolfgang ten Brink

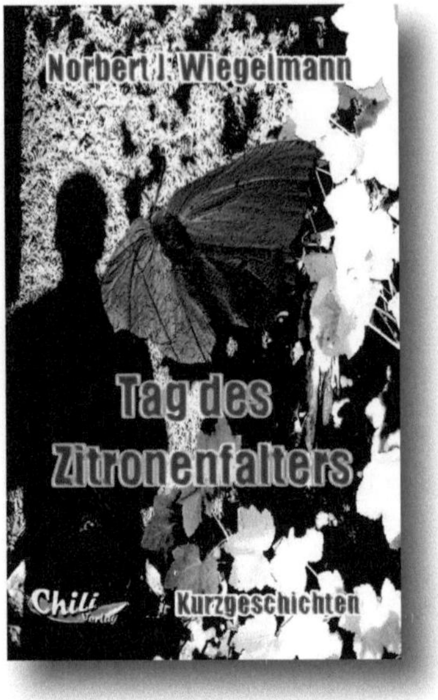

Norbert J. Wiegelmann, **Tag des Zitronenfalters**
Kurzgeschichten
ISBN 978-394-3-292-13-8, 264 Seiten
chiliverlag 2014, EUR 15,90

Mit bedrohlich nüchternem Stil dringt Norbert J. Wiegelmann pointiert und zielgenau in die tieferen Schichten weiblich-männlicher Beziehungsverstrickungen vor und seziert psychopathische Verhaltensweisen. Mit klarer Sprache schafft er eine Atmosphäre der Spannung und des Ungesagten, die einen manchmal den Atem anhalten lässt. Seine Stories befriedigen den Gerechtigkeitssinn des Lesers, denn das unterschwellige Motiv von Schuld und das Nachspüren von Verursachungen innerhalb fehlgelaufener Beziehungen ist immer präsent. Norbert J. Wiegelmanns Kurzgeschichten sind düster und makaber und gehen nie für alle gut aus. Tag des Zitronenfalters ist Norbert J. Wiegelmanns erste Einzelveröffentlichung.

32 spannende Kurzgeschichten zwischen makaber, skurril, psychopathisch und kriminell. Mit Fotos von Norbert J. Wiegelmann (bearbeitet von chiliverlag).

Vorübergehend nicht erreichbar – Über Kontaktabbrüche
Anthologie, Hrsg. Franziska Röchter
ISBN 978-3-943292-25-1, 224 Seiten
chiliverlag 2015, EUR 10,00

Ein Buch, in dem erstmalig neben Eltern vorrangig auch betroffene „Kinder" zu Wort kommen. Die 29 Autorinnen und Autoren dieses Bandes geben sowohl in fiktiv literarischer und lyrischer Form als auch durch introspektive Erfahrungsberichte detaillierten Einblick in das Seelenleben Betroffener, die sich zu diesem schweren Schritt höchst selten aus einer Laune heraus, sondern nach langen Überlegungen entschließen.

U.a. mit Autoren wie Peter Ettl, Gerald Jatzek, Frank Stückemann, Barbara Zeizinger, Horst Leiwig u.v.m.